# アイデンティティと暴力

*Identity and Violence*

*The Illusion of Destiny*

*Amartya Sen*

## 運命は幻想である

アマルティア・セン

［監訳］大門　毅　［訳］東郷えりか

人を矮小化することの恐るべき影響とはなにかを考察することが、この本の主題である。
そのためには、経済のグローバル化、政治における多文化主義、歴史的ポストコロニアリズム、
社会的民族性、宗教的原理主義、および国際テロリズムといった、
すでに確立されたテーマを再検討し、再評価する必要がある。

勁草書房

アンタラー、ナンダナー、インドラーニ、そしてカビールへ
幻想にあまり捕われない世界を実現するために

目次

# プロローグ

何年かまえ、短期の海外出張を終えてイギリスに戻ったとき（当時、私はケンブリッジ大学トリニティ・カレッジの学寮長を務めていた）、ヒースロー空港の入国管理官が私のインドのパスポートをかなり念入りに調べてから、いささかこみいった哲学的な質問をしてきた。入国カードの住所欄にケンブリッジ大学トリニティ・カレッジ学寮長舎と記入されているのを見て、私が泊めてもらうことになっているらしいこの学寮長は、親しい友人なのかと質問してきたのだ。そこで、はたと考え込んだ。私は自分自身の友人だと言えるのか、確信がもてなかったからだ。しばらく考えたあと、答えは「イエス」に違いないという結論に達した。自分と仲良くしないことはあまりないし、ばかげた冗談を言うときに、こういうとぼけた友人がいるなら、敵などいらないと思えるからだ。ここまで考えがまとまるのに多少時間がかかったので、入国管理官は私がいったいなぜ躊躇《ちゅうちょ》しているのか知りたがり、私のイギリス滞在になにか不審な点でもあるのかと疑問をもった様子だった。

ともあれ、その実際の問題はやがて解決したものの、この時のやりとりは、自己同一性《アイデンティティ》がやっかいな問題になりうることを、思い起こさせるまでもなくとも、再認識させるものになった。もちろん、あるものがそれ自体と同一《アイデンティカル》であることを自分に納得させるのは、さほど困難ではない。偉大な哲学者ウィトゲンシュタインも、あるものがそれ自体と一致すると述べるほど、「無益な命題の恰好の例はない」と語ったが、彼はさらに、その命題はまったく無益ながら、「なんらかの想像力の働きと結びついている」とも述べた。

自己と同一であるという概念から、特定の集団にいる他者と同一性を共有するという概念に目を向けると（社会的アイデンティティの考え方はたいがいこの形態をとる）、事態はさらにややこしくなる。それどころか、現代の政治・社会問題の多くは、異なる集団にかかわる多様なアイデンティティの主張の衝突をめぐって起きている。アイデンティティの概念はわれわれの思考や行動にさまざまな影響を及ぼすからだ。

過去数年間に起きた暴力的な事件や残虐行為は、恐ろしい混乱と悲惨な衝突の時代の幕開けを告げるものとなった。世界的な政治的対立は、往々にして世界における宗教ないし文化の違いによる当然の結果と見なされている。実際、世界はさまざまな宗教や文化の連合であるという見方が、暗黙のうちとはいえ、ますます増えており、そのため人びとが自己を認識する方法がそれ以外は顧みられない。この考え方の根本には、世界の人びとはなんらかの包括的で単一の区分法によってのみ分類できるという、偏った思い込みがある。世界の人びとを文明ないし宗教によって区分することは、人間のアイデンティティに対する「単眼的《ソリダリスト》」な捉え方をもたらす。つまり、人間を一つの集団（従来のような国または階級ごとではなく、この場合は文明や宗教によって定義される集団）の構成員としてしか考えない見方である。

単眼的なアプローチは、世界中のほぼすべての人を誤解するには、もってこいの方法となるだろう。通常の暮らしでは、われわれは自分がさまざまな集団の一員であると考えている。そのすべてに帰属しているのだ。一人の人間がなんら矛盾することなく、アメリカ国民であり、カリブ海域出身で、アフリカ系の祖先をもち、キリスト教徒で、リベラル主義者の女性であって、かつ菜食主義者《ヴェジタリアン》、長距離ランナー、歴史家、学校の教師、小説家、フェミニスト、異性愛者、同性愛者の権利の理解者、芝居好き、環境活動家、テニス愛好家、ジャズ・ミュージシャンであり、さらに大宇宙に知的生命が存在し（できれば英語で）緊急に交信する必要があるという考えの信奉者となりうるのである。一人の人間が同時に所属するすべての集合体がそれぞれ、この人物に特定のアイデンティティを与えているのだ。どの集合体も、この人物の唯一のアイデンティティ、または唯一の帰属集団と見なすことはできない。人のアイデンティティが複数あるとすると、時々の状況に応じて、異なる関係や帰属のなかから、相対的に重要なものを選ばざるをえない。

したがって、人生を送るうえで根幹となるのは、自分で選択し、論理的に考える責任なのである。かたや、人にはえてして好戦的となる、唯一のアイデンティティがあると考え、それがなにやら多大な（時にはひどく不快な）要求を本人に突きつけるのは仕方がないという意識が培われた場合には、暴力が助長される。唯一のアイデンティティとされるものを押しつけることは、しばしば党派的な対立をあおる「好戦的な技」の重要部分を占めるのである。

あいにく、そうした暴力をなくそうとする多くの善意の試みもまた、われわれのアイデンティティには選択の余地がないという思い込みに縛られており、それが暴力を根絶する力を大いに弱めることになる。異なる人びとのあいだで良好な関係を築こうとする試みがおもに、（人間がお互いにかかわりあうその他無数の方法には目もくれず）「文明の友好」とか「宗教間の対話」、あるいは「さまざまな共同体《コミュニティ》間の友好関係」という観点から見られれば（現にその傾向は強くなっている）、平和を模索する以前に、人間が矮小化されることになる。

世界に存在する多様な区分けが、優勢とされる一つの分類法に統一され、宗教や共同体、文化、国、あるいは文明といった観点（それぞれ戦争と平和に関する問題で独自の説得力をもつと見なされている）からのみ判断されると、われわれが共有する人間性は大きな試練にさらされる。唯一の分類法によって塗り分けられた世界は、われわれが住む社会をかたちづくる、いくつもの異なった仕切りがある世界よりも分断されやすい。このような区分けは、「人間みな似たもの同士」という昔ながらの考え（今日ではあまりにもばかげているとして嘲笑されがちであるが、それはわからなくもない）に反するだけでなく、われわれはさまざまに異なっているという、あまり議論されていないがより説得力のある理解にも逆らうものだ。現代の世界で協調に向けた希望が実現するとすれば、人のアイデンティティにはいくつもの面があることを明確に理解できるかどうかに、大きく左右される。さらに、そうしたアイデンティティはお互いの領域を超えて交錯し、強固な境界線によって明確に分断された状況をも崩すものだということも、きちんと認識できるか否かにかかっているのだ。

実際、単なる悪意だけでなく、概念上の混乱が、われわれをとりまく騒動や野蛮な行為を引き起こす大きな原因になっている。運命という幻想が、なんらかの単一基準のアイデンティティ（およびそれが意味するとされるもの）が醸しだす幻想であった場合はとくに、〔見て見ぬふりをする〕怠慢《オミッション》だけでなく、〔自ら手を下す〕遂行《コミッション》を通じて、世界中の暴力を助長することになる。人には多くの異なった帰属関係があり、お互い実にさまざまな方法で交流しうることを（扇動者や、その言葉に動揺した相手側がなにを言おうと）明確に認識しなければならない。われわれには自らの優先事項を決める余地があるのだ。

帰属関係が複数あることを無視し、選択と論理的思考の必要性をないがしろにすることが、われわれの住む世界を不透明なものにする。そうした趨勢こそ、マシュー・アーノルドが「ドーヴァー海岸」で表現した恐ろしい前途へと、われわれを押しやる。

そして、われわれはいま暗い平原に立つ
闘争か逃走か、錯綜する思いに駆られながら
夜になれば、ここで無知な軍勢がぶつかり合うのだ。

われわれにはそうならないための、別の道もある。

# まえがき

オスカー・ワイルドはこんな謎めいた言葉を残した。「ほとんどの人間は他人なのだ」。彼ならではの突飛な謎かけのようにも聞こえるが、これに関しては、ワイルドもかなり説得力のある弁明をしている。「彼らの考えはだれかの意見であり、彼らの人生はまねごとであり、彼らの情熱は引用したものなのだ」。われわれは実際、共感を抱く相手から、驚くほど多くの影響を受けている。党派間であおられた憎悪が野火のように広がりうることは、近年、コソヴォやボスニア、ルワンダ、ティモール、イスラエル、パレスチナ、スーダンなど、世界のあちこちで見てきたとおりだ。一つの集団でつくりあげられた同一性《アイデンティティ》の共有意識は、言葉巧みに扇動されれば、別の集団を攻撃する強力な武器にもなりうる。

実際、世界における多くの紛争や残虐行為は、選択の余地のない唯一のアイデンティティという幻想を通じて継続されている。憎悪をかき立てる「技」は、その他の帰属意識に勝る卓越したアイデンティティと考えられているものの魔力を利用するものとなる。このような手段は都合のいいことに好戦的な形態をとるので、われわれが普段もっている人間的な同情心や本来の親切心も凌駕することができる。その結果は、泥臭い粗野な暴力沙汰にもなれば、世界的に策略がめぐらされる暴力事件やテロリズムにもなる。

それどころか、現代の世界における紛争のおもな原因は、人は宗教や文化にもとづいてのみ分類できると仮定することにあるのだ。単一的な基準による分類法に圧倒的な力があることを暗に認めれば、世界中が火薬庫になる可能性がある。世界を一意的に分割する見方は、人間みな似たもの同士という昔ながらの考えに反するばかりでなく、われわれはさまざまに異なっているという、あまり議論されないが、より説得力のある理解にも逆らうものだ。世界は総じていくつもの宗教（あるいは「文明」や「文化」）の集合体だと考えられており、人びとが大切にもっている階級、性別、職業、言語、科学、道徳、政治などにかかわる、その他のアイデンティティは無視されている。こうした単一基準による区分は、われわれが現実に暮らす社会をかたちづくる、複数の多様な分類が混在する世界よりも、はるかに対立を起こしやすい。高尚な理論による還元主義《リダクショニズム》〔過度の単純化〕は、意図していなくても、低俗な政治による暴力を引き起こすうえで大きく寄与することがある。

そのような暴力を克服しようとする世界的な試みもまた、単一基準のアイデンティティが多くの明白な抵抗の道を阻害していることを——明らかに、あるいは暗黙のうちに——認めることによって、しばしば同様の概念上の混乱にさいなまれている。そうなれば、宗教絡みの暴力は、市民社会の強化によってではなく（それが当然の成り行きであっても）、「穏健な」説得力をもつとされる別の宗教指導者を担ぎだすことによって、対抗措置をとるはめになるだろう。つまり、宗教内の闘争で、関連する宗教上の要求をうまく再定義したりしながら、過激派を押さえ込む役割を担うような指導者だ。人と人との関係が、文明や宗教・民族間の「友好」や「対話」といった、画一的な集団間の観点からのみ判断され、同じ人がやはり帰属するそれ以外の（経済、社会、政治、または別の文化的つながりなどの）集団になんら関心が払われなければ、人の暮らしにおける重要なものの多くはことごとく失われ、個人は狭い枠のなかに押し込められることになる。

人を矮小化することの恐るべき影響とはなにかを考察することが、この本の主題である。そのためには、経済のグローバル化、政治における多文化主義、歴史的ポストコロニアリズム、社会的民族性、宗教的原理主義、および国際テロリズムといった、すでに確立されたテーマを再検討し、再評価する必要がある。現代の世界における平和への見通しは、われわれを狭い枠内に押し込めて囚人扱いせずに、人には複数の帰属先があることを認め、広い世界に暮らす共通の住民として論理的に考えることによって開けるのかもしれない。われわれに必要なものはなににも増して、自らの優先事項を決めるうえで享受できる自由の重要性を、明晰な頭で理解することなのだ。そして、その理解に関連して、国内においても世界においても、道理にもとづいた庶民の声がもつ役割と有効性を正しく認識する必要がある。

本書はもともと二〇〇一年一一月から二〇〇二年四月にかけて、パーディーセンターのデイヴィッド・フロムキン教授にお招きいただき、ボストン大学で行った六回の講演から始まった。同センターは未来学の研究所であるため、講演シリーズも「アイデンティティの未来」と名づけられていた。しかし、T・S・エリオットの力をいくらか拝借して、「現在の時も過去の時も、おそらく未来の時のなかにある」と自分を納得させることにした。一冊の本になるころには、本書は今後を予測するのと同じくらい、アイデンティティが歴史および現代の状況において果たしてきた役割を検討するものになっていた。

実は、ボストンで一連の講演をする二年前の一九九八年一一月に、私はオックスフォード大学の公開講演で「アイデンティティに先立つ理性」というタイトルで、アイデンティティを選択する際に論理的思考が果たす役割について話をしたことがあった。「ロマネス講演」はオックスフォード大学で定期的に実施されているもので（一八九二年にウィリアム・グラッドストーンが第一回の講演者となり、トニー・ブレアも一九九九年に講演している）、組織委員会がやたら格式高く、講演の最後の一言を発するや否や（聴衆が質問をする間もなく、正装した大学当局者に先導されながら）私は会場から連れ出されてしまった。それでも、このときの講演をもとにつくられた小冊子のおかげで、のちに有益なコメントを得ることができた。本書を執筆するにあたって、私はロマネス講演録を利用したほか、昔の原稿も用い、その時に得たコメントの知見も参考にさせてもらった。

それだけでなく、（アイデンティティと多少かかわりのある）関連テーマで開かれたその他の公開講演のあとでいただいたコメントや提案からも、大いに得るものがあった。一連の講演は、二〇〇〇年イギリス学士院年次講演、コレージュ・ド・フランスにおける特別講演（ピエール・ブルデュー主催）、東京での石坂記念講演、セントポール大聖堂での公開講演、バンコクのワチラーウット大学におけるプラヤー・プリチャヌサット記念講演、ボンベイ〔ムンバイ〕とデリーでのドーラーブ・タタ講演、トリニダードトバゴ中央銀行でのエリック・ウィリアムズ講演、オックスファムのギルバート・マレー講演、カリフォルニア大学バークレー校でのヒッチコック講演、アメリカ哲学協会でのペンローズ講演、および二〇〇五年の大英博物館でのB・P講演などである。また、この七年間に世界各地で行ってきた研究発表の際に、有益な議論をすることができた。たとえば、アマースト大学、香港中文大学、ニューヨークのコロンビア大学、ダッカ大学、東京の一橋大学、イスタンブールのコチ大学、マウントホリオーク大学、ニューヨーク大学、パヴィア大学、グルノーブルのピエール・メンデス・フランス大学、南アフリカのグラハムズタウンのローズ大学、京都の立命館大学、タラゴナのロヴィラ・イ・ヴィルジリ大学、サンタクララ大学、クレアモントのスクリップス大学、セントポール大学、リスボン工科大学、東京大学、トロント大学、カリフォルニア大学サンタクルス校、ヴィラノーヴァ大学、そしてもちろんハーヴァード大学、などである。こうした議論は、関連する問題の理解を深めるうえで大いに役立った。

非常に有益なコメントや提案をいただいた次の各氏にも恩義を感じている。ビーナ・アガルワル、ジョージ・アカロフ、サビーナ・アルカイア、スディール・アーナンド、アンソニー・アッピア、ホミ・バーバ、アキール・ビルグラミ、スガタ・ボース、リンカン・チェン、マーサ・チェン、メグナッド・デサイ、アンタラー・デヴ・セン、ヘンリー・ファインダー、デイヴィッド・フロムキン、サキコ・フクダ＝パー、フランシス・フクヤマ、ヘンリー・ルイス・ゲイツ・ジュニア、ルーナク・ジャハーン、アスマ・ジャハンギール、デヴァキ・ジャイン、アイーシャ・ジャラール、アナンヤ・カビール、プラティック・カンジラール、スニル・キルナニ、アラン・カーマン、近藤誠一、セバスチアーノ・マフェトーネ、ジュング・モシン、マーサ・ヌスバウム、大江健三郎、シディック・オスマニ、ロバート・パットナム、モザファー・キジルバシュ、リチャード・パーカー、クマール・ラナ、イグリッド・ロベインズ、エマ・ロスチャイルド、キャロル・ロヴェイン、ザイナブ・サルビ、マイケル・サンデル、インドラーニ・セン、ナジャム・セーティ、リーマン・ソブハン、アルフレッド・ステパン、鈴村興太郎、ミリアム・テシュル、シャシ・タルール、レオン・ウィーゼルティア。マハトマ・ガンディーのアイデンティティ論に関する私の理解は、彼の孫であり、現在、西ベンガルの知事である作家のゴパール・ガンディーに負うところが大きい。

ノートン社の編集者ロバート・ワイルとロビー・ハリントンからは多くの重要な助言をもらい、非常に助けていただいたし、リン・ネズビットとの議論からも得るところが大きかった。エイミー・ロビンズは、読みやすいとは言えない私の原稿を見事に編集してくれたし、トム・メイヤーはあらゆる問題をうまく調整してくれた。

現在、私が教鞭をとるハーヴァード大学の協力的な研究環境に加え、夏季にはとくにケンブリッジ大学トリニティ・カレッジの施設を利用させてもらった。ケンブリッジのキングズ・カレッジの歴史・経済センターはたいへん効率のよい研究拠点となった。そして、なによりもインガ・ハルド・マーカンには、研究関連の多くの問題を処理してもらったことを感謝している。同センターでは、アナンヤ・カビールの関連テーマの研究を利用させてもらった。優秀な研究助手となってくれたデイヴィッド・メリクルとロージー・ヴォーガンにもお礼を申し上げたい。研究活動経費を賄うために、フォード財団、ロックフェラー財団、およびメロン財団から助成をいただいたことをたいへん感謝している。

最後に、二〇〇五年七月に東京で開かれた日本政府主催の世界文明フォーラムで、世界各国からの参加者を交えて行われた多岐にわたる議論からも多くを学んだことを感謝したい。同フォーラムでは、光栄にも私が議長を務めさせていただいた。二〇〇四年にトリノで開催されたピエロ・バセッティ主催のグロブス・エト・ロクスの議論や、二〇〇五年七月にクレタ島へラクリオンでグローバル民主主義に関連するテーマで行われた、ゲオルギオス・パパンドレウによるシミ・シンポジウムからも多くのことを得た。

現在のところ、世界の暴力問題に対する人びとの関心とかかわりは、恐ろしく悲劇的で不安をかきたてる事件によるものである。しかし、こうした問題が幅広い関心を集めているのは良いことだ。グローバルな市民社会の活動（軍主導の計画や、政府およびその連合による戦略的活動とは別に）におけるわれわれの声をより広く活用することを、私はできる限り力説するつもりなので、こうした活発な議論展開には勇気づけられている。おかげで楽観的になれるのだが、多くのものごとは、われわれが直面する難題にどう立ち向かうかによって決まるだろう。

二〇〇五年一〇月
マサチューセッツ州ケンブリッジにて

アマルティア・セン

# 第1章　幻想の暴力

アフリカ系アメリカ人の作家ラングストン・ヒューズは、一九四〇年に書かれた自伝『大海』のなかで、ニューヨークを発ってアフリカへ向かったときに味わった心の昂揚を描いている。それまでアメリカで読んできた本を海中に投じると、「まるで心のなかから一〇〇万個の煉瓦を投げ捨てたようだった」。なにしろ、「黒人の母なる大地、アフリカ!」へ向かう途上なのだ。もうまもなく、「ただ書物のなかで読むだけでなく、手で触れ、目で見ることのできる本物」を体験できるだろう、と彼は書いた。[1] 同一性《アイデンティティ》の共有意識は、単に誇りや喜びの源となるだけでなく、力や自信の源にもなる。アイデンティティという考えが、汝の隣人を愛せといったお決まりのうたい文句から社会関係資本《ソーシャル・キャピタル》や共同体主義《コミュニタリアニズム》の自己認識の高尚な理論にいたるまで、幅広くもてはやされていることは驚くに値しない。

だが、アイデンティティは人を殺すこともできる。しかも、容易にである。一つの集団への強い——そして排他的な——帰属意識は往々にして、その他の集団は隔たりのある異なった存在だという感覚をともなう。仲間内の団結心は、集団相互の不和をあおりやすい。たとえば、ある日突然、われわれはルワンダ人であるだけでなく、厳密にはフツ族なのだ（だから「ツチ族を憎んでいる」）と教えられたり、本当はただのユーゴスラヴィア人ではなくて、実際にはセルビア人なのだ（だから「ムスリムなど絶対に嫌いだ」）と言われたりするのだ。私は一九四〇年代の分離政策と結びついたヒンドゥー・ムスリム間の暴動を経験した子供のころの記憶から、一月にはごく普通の人間だった人びとが、七月には情け容赦ないヒンドゥー教徒と好戦的なイスラム教徒に変貌していった変わり身の速さが忘れられない。殺戮を指揮する者たちに率いられた民衆の手で、何十万もの人びとが殺された。民衆は「わが同胞」のために、それ以外の人びとを殺したのだ。暴力は、テロの達人たちが掲げる好戦的な単一基準のアイデンティティを、だまされやすい人びとに押しつけることによって助長される。

アイデンティティ意識は、ほかの人びと、つまり隣人や同じ地区の住民、同胞、同じ宗教の信者などとの関係を強め、温めるうえで重要な役割を果たす。特定のアイデンティティに関心を向けることによって、われわれは連帯感を高め、お互いに助け合い、自己中心的な営みを超えた活動をするようになる。近年、ロバート・パットナムらによって精力的に探究された「社会関係資本」に関する研究は、社会集団内の人びとがアイデンティティを共有することによって、内部のあらゆる人の暮らしが改善されることを、たいへん明快に示してきた。そのため、ある集団への帰属意識は資源として、資本のように見なされるようになった(2)。そのような理解は重要だが、アイデンティティ意識は人びとを温かく迎える一方で、別の多くの人びとを拒絶しうるものであることも、あわせて認識しなければならない。住民が本能的に一致団結して、お互いのためにすばらしい活動ができるよく融和したコミュニティが、よそから移り住んできた移民の家の窓には嫌がらせのために煉瓦を投げ込むコミュニティにも同時になりうるのだ。排他性がもたらす災難は、包括性がもたらす恵みとつねに裏腹なのである。

アイデンティティの衝突によって助長される暴力は、世界各地でますます執拗に繰り返されているようだ。(3) ルワンダやコンゴにおける勢力の均衡状態は変わったかもしれないが、一方の集団がもう一方を標的にする状況は、激しさを増して続いている。スーダンでは人種対立を利用して、イスラム過激主義のアイデンティティをつくりあげたことが、恐ろしく軍国化したこの国の南部で、抑圧された人びとがレイプされ殺戮される事態を生みだした。イスラエルとパレスチナは、いまなお二極化したアイデンティティの猛威を経験し続けており、相手側に憎悪の報復をすべく備えている。アルカイダは、欧米人を標的にする戦闘的イスラム主義のアイデンティティを育み、利用することに大きく依存している。

さらに、自由と民主主義の旗印のもとに派兵されたアメリカやイギリスの兵士の一部が、非人道的な方法で捕虜を「軟化」させる活動をしていたという報告も、アブグレイブ刑務所などから続々と入ってきている。敵の戦闘員や悪人と見なされた容疑者の人命に対する無制限の権限が与えられることによって、看守と収容者は対立するアイデンティティ間の硬直した境界線(「彼らはわれわれとは異なる種族だ」)によって明確に二分化されている。境界線の向こう側にいる人びとのさほど対立しない別の側面、たとえば彼らが同じ人類の仲間であることなどは、総じて黙殺されているようだ。

## 相反する帰属を認める

アイデンティティにもとづく考えが、これほど残虐な目的に悪用されうるのであれば、解決策をどこに見いだせばよいのだろうか？　アイデンティティをかき立てることを全般的に抑圧または阻止する方法では、まず改善されない。なんと言っても、アイデンティティは暴力や恐怖の源であるのと同時に、豊かさやぬくもりの源にもなるからだ。アイデンティティを一般的に邪悪なものとして扱うことは、ほとんど意味がないだろう。むしろ、好戦的なアイデンティティの勢力には、相反する複数のアイデンティティの力で対抗できると考えなければならないだろう。だれもがもつ人間性という幅広い共通のアイデンティティはもちろんのこと、それぞれの人が同時にもつ多種多様なアイデンティティもそこに含めることができる。こうした考え方は人間を別の観点から分類する方法へとつながり、一つの分類法だけがとくに攻撃的に利用されるのを抑制するだろう。

ルワンダの首都キガリ出身のフツ族の労働者は、自分をフツ族としてのみ見なすよう圧力をかけられ、ツチ族を殺せと駆り立てられるかもしれないが、彼はフツ族であるだけでなく、キガリ市民であり、ルワンダ人、アフリカ人でもあり、労働者であって人間でもある。われわれには複数のアイデンティティがあり、それらがさまざまな意味合いをもつことを認識するとともに、多様にならざるをえないこうしたアイデンティティのなかから、特定のアイデンティティの説得力や妥当性を見極めるうえで、選択がもつ役割を知ることがきわめて重要だ。

このようなことは自明の理であるのかもしれないが、単一基準のアイデンティティという幻想が、尊敬を集める——事実、尊敬に値する——さまざまな学派の知識人から、善意からとはいえ、支持を受けており、それが甚大な被害をもたらしている事実は知っておく必要がある。そうした知識人にはとりわけ、熱心な共同体主義者《コミュニタリアン》が含まれる。彼らにとって、コミュニティのアイデンティティはあたかも生まれつき運命づけられたものであり、個人の意思決定など必要なく（彼らの表現で言えば、ただ「認識」するのみ）、比類ない至高のものなのだ。また、世界の人びとを文明ごとの狭い枠で分割する、揺るぎない文化論者もそのなかに含まれる。

日常生活のなかでわれわれは、自分がさまざまな集団の一員だと考えている。そのすべてに所属しているのだ。国籍、居住地、出身地、性別、階級、政治信条、職業、雇用状況、食習慣、好きなスポーツ、好きな音楽、社会活動などを通じて、われわれは多様な集団に属している。こうした集合体のすべてに人は同時に所属しており、それぞれが特定のアイデンティティをその人に付与している。どの集団をとりあげても、その人の唯一のアイデンティティ、また唯一の帰属集団として扱うことはできない。

## 制約と自由

コミュニタリアンの思想家の多くは、コミュニティにもとづく支配的なアイデンティティは、選択するものではなく、単に自己認識の問題なのだとよく主張する。しかし、所属するいろいろな集団のうち、どれが相対的に重要であるかを決める選択権が当人には備わっておらず、あたかも純粋な自然現象であるかのごとく、(昼と夜を区別するように) そのアイデンティティをただ「発見」するしかないというのは信じがたい。実際には、たとえ暗黙のうちにであっても、われわれはみな異なった帰属や関係のうち、どれを優先すべきかつねに選択している。自分が属しているもろもろの集団に、どれだけの忠誠心をもち、優先順位をつけるべきか選択する自由は、格別に重要な権利であり、われわれにはそれを認識し、尊重し、擁護するだけの理由がある。

選択があることはもちろん、選択に対する制約がないという意味ではない。むしろ、選択はつねに実現可能と思われるものの範囲でなされる。アイデンティティの実現可能性は、われわれに与えられる選択肢の幅を決めるそのときどきの特性と状況によって決まる。とはいえ、このことは目を見張るような事実ではない。どんな分野で選択する場合でも、実際に直面することなのだ。それどころか、いかなる方面のどんな種類の選択でも、つねに特定の制限内でなされているという事実ほど、基本的で普遍的なものはないだろう。たとえば、市場でなにを買うか決めるときに、支払いに制限がある事実はとうてい無視できない。経済学者が「予算制約」と呼ぶものは遍在する。買い手はみな選択しなければならないという事実は、予算制約がないという意味ではなく、ただその人に与えられた予算制約の枠内で選択しなければならないことを示している。

こうした経済学のイロハは、より複雑な政治的、社会的意思決定においてもあてはまることが多い。たとえばある人が必然的にフランス人、もしくはユダヤ人、ブラジル人、アフリカ系アメリカ人、または（とりわけ今日の混乱した状況では）アラブ人やムスリムであると——自分自身によっても他人からも——見なされる場合でも、その人は自分が属する別の帰属集団以上に、そのようなアイデンティティにどれだけの重きを置くべきか決めなければならない。

## 他者を説得する

ところが、自分で自分をどう見たいか明確にわかっている場合でも、他者を説得してそのとおりに見てもらえるようになるにはまだ困難があるかもしれない。アパルトヘイト時代の南アフリカでは、非白人は人種的な特徴を抜きにただ人間として扱ってくれと主張することはできなかった。非白人は通常、国家や社会の支配層があらかじめ用意したカテゴリーに分類されていたからだ。個人のアイデンティティを主張する自由は、われわれがどう自覚しようと、ときとして他者の目から見ればいちじるしく制限されているものなのだ。

それどころか、他者からどう見られているのかよくわかっていないことすらあり、それは自己認識とは異なっているかもしれない。ここに昔のイタリアの興味深い逸話がある。イタリア全土に急速にファシスト政治への支持が広まっていた一九二〇年代に、ファシスト党の勧誘員が田舎の社会主義者に入党を勧める話だ。「どうして私があんたの党になど入党できるかね？」と、勧誘された人は言った。「親父は社会主義者だった。祖父も社会主義者だった。あんたの党にはとても入れない」。「それはまたどういう理屈なのかね？」と、ファシスト党の勧誘員は、当然のことながら尋ねた。「もし親父さんが殺人犯で、おじいさんも殺人犯だったとしたら、どうするんだね？」と、勧誘員は田舎の社会主義者に聞いた。「いやあ、その場合はもちろん、ファシスト党に入っただろうよ」と、勧誘された男は言った。

この逸話などは、〔祖父の代からの「社会主義者」という〕それなりに道理の通った、あまり悪意のない属性の例と言えるだろうが、属性はえてして中傷を含むものであり、中傷された相手への暴力をあおるために利用される。「ユダヤ人は、ほかの人びとがユダヤ人だと見なす人間なのだ」。ジャン＝ポール・サルトルは『ユダヤ人』のなかでこう述べている。「ユダヤ人をつくりだすのは、反ユダヤ主義者なのだ(4)」。中傷的な属性には、相互に関連する二つの異なった歪曲が含まれている。すなわち、標的とされた集団に属する人びとの誤った説明と、標的となった人のアイデンティティのなかでも誤って説明された特性のみが妥当なものだと主張することだ。外部から押しつけられたアイデンティティに反対するために、人は個々の特性を付与されないように抵抗することもできるし、自分がもっている別のアイデンティティを示すこともあるだろう。ちょうど、シェークスピアの巧妙に練り上げられた作品のなかで、シャイロックが試みたように。「ユダヤ人には目はないのか？　ユダヤ人には手も内臓も、身の丈や幅も、五感も愛情も情熱もないのか？　キリスト教徒と同じものを食い、同じ武器で傷つき、同じ病気にかかり、同じ方法で治り、同じ冬に寒がり、同じ夏に暑がることもないのか？」(5)

人間としての共通のアイデンティティを強調することは、時代を超えて、文化を超えて、属性を卑しめることへの抵抗手段の一つになってきた。二〇〇〇年ほどまえに書かれたインドの抒情詩『マハーバーラタ』では、バラドヴァージャという理屈っぽい対話者が、カースト制度を擁護するブリグ（支配階級の重鎮）に次のように尋ねる。「われわれはみな欲望や怒り、恐怖、悲しみ、不安、飢え、労務に苛まれているようだが、それならなぜカーストの差があるのかね？」

差別の根底にあるのは、不当な説明がなされることだけではない。おとしめられた側は相手から、単一のアイデンティティという幻想も押しつけられているのだ。イギリスの俳優ピーター・セラーズは、有名なインタビューのなかで次のように述べている。「以前は私というものが存在したんだが、手術によって取り除いてしまった」。このような除去はたしかに困難なものだが、われわれを自覚している自分とは異なった人間につくり変えようと決意した他者によって、「本物の私」を移植手術されることも、また同じくらい過激なものだ。組織的に属性を付与されることは、人を迫害し死に追いやる素地をつくりうる。

そのうえ、たとえ中傷目的のためにつくりあげられた（および歪曲して説明された）もの以外のアイデンティティの妥当性を周囲に認めさせるのが困難な状況が生じたとしても、状況が変わったのちも、その他のアイデンティティを無視してもよい理由はない。こうした例はたとえば、一九三〇年代のドイツのユダヤ人よりも、現在のイスラエルにいるユダヤ人に当てはまる。一九三〇年代の残虐行為が、ユダヤ人であること以外のアイデンティティを思い起こす自由と能力を、ユダヤ人から永久に奪い取ったのだとすれば、長期的にはナチズムが勝利したことになるだろう。

同様に、理性による選択の果たす役割は、単一のアイデンティティを押しつけられないためにも、標的となった相手を恐怖に陥れる血なまぐさい作戦に歩兵として動員されないためにも、強調しなければならない。人びとが自覚するアイデンティティをすり変える作戦は、世界各地で残虐行為を引き起こし、それによって旧来の友人が新たな敵になり、浅ましい党派主義者がにわかに強力な政治指導者に変身してきた。アイデンティティにもとづく考え方で、論理的な思考と選択のもつ役割を認識することはこのように困難だが、きわめて重要なことなのである。

## 選択の否定と責任

実際には選択肢がありながら、そんなものは存在しないのだと思っていれば、無批判のうちに順応主義的な行動が論理的な思考に、たとえ拒否できる場合でも、とって代わるだろう。一般に、そうした順応主義は保守的な色合いが強く、昔からの習慣や慣習を理性的に見直すのを妨げる。実際、男性中心社会における女性の不平等な扱い（および、彼女たちに振るわれる暴力）や、他人種に向けられる差別のような古くからの不平等がいまも続くのは、一般に容認された考え（従来の弱者の従属的な役割を含む）が疑われることなく受け入れられているからだ。過去の多くの慣習や、勝手に付与されたアイデンティティは、疑問視され精査されることによって消滅してきた。一八七四年に出版されたジョン・スチュワート・ミルの『女性の解放』が、イギリスの多くの読者から彼の変人ぶりを示す究極の証拠だと考えられていたことは、想起に値するだろう。実際、当時、このテーマへの関心はあまりにも低く、この本はミルの著作のうち出版社が赤字となった唯一の作品になった(6)。

しかし、社会的アイデンティティを無批判に受け入れることは、必ずしも伝統を重視する立場とは限らないかもしれない。そこにはアイデンティティを根底から方向づけ直し、理性的に選択されるのではなく、ただ「発見された」ものとしてすり込むことも含まれるだろう。これは暴力を誘発するうえで、恐ろしい役割を果たすことがある。先にも述べた、一九四〇年代に私がインドで体験したヒンドゥー・ムスリム間の暴動では、対立する政治政策に即してアイデンティティが大規模な変貌を遂げたのを、子供心に困惑しながら見た忌まわしい記憶がある。多くの人がもっていたインド人として、インド亜大陸の住民として、アジア人として、あるいは人類の一員としてのアイデンティティが突如として顧みられなくなり、代わりにヒンドゥー、ムスリム、シクなどの宗派に分かれたアイデンティティが重視されるようになった。それに続いて起こった大虐殺は、原始的な群集行動と強く結びついており、人びとはそうしたプロセスを批判的に検討することもなく、新たに見出された好戦的なアイデンティティを「発見」させられていた。いつの間にか、同じ人びとが豹変していたのである。

## 文明ごとの幽閉

想像から生まれた単一基準のアイデンティティが利用される顕著な例は、「文明の衝突」というよく議論されるテーマの知的背景となる基本的分類の概念に見られる。こうした考え方は、とくに近年、サミュエル・ハンチントンの『文明の衝突』[7]が出版されて以降、提唱されるようになった。このアプローチの難点は、衝突が起きるのかどうかという問題をとりあげるはるか以前に、単一基準で分類されているところにある。実際、文明の衝突という命題は、いわゆる文明の境界線に沿った単一基準の分類法がもつ支配的な力に、概念的に依存している。それがたまたま宗教上の区分とほぼ一致しているため、そこにひたすら関心が集まっているのだ。ハンチントンは「西洋文明」を、「イスラム文明」、「ヒンドゥー文明」、「仏教文明」などと対比させている。宗教の違いによる対立だったはずのものが、一つの支配的で硬直した区分によって明確に色分けされた構想のなかに組み込まれているのだ。

実際には、世界の人びとはもちろん、それ以外の多くの方法によって分類することができる。それぞれわれわれの暮らしのなかで、なんらかの――えてして広範囲にわたる――関連性をもつ、国籍、居住地、階級、職業、社会的地位、言語、政治信条などである。近年、宗教的な分類が盛んにとりあげられているが、それによってほかの区分を消し去れるとは考えられないし、ましてそれだけが世界の人びとを分類するうえで唯一妥当な制度だとするわけにはいかない。世界の人口をそれぞれ「イスラム世界」や「西洋世界」、「ヒンドゥー世界」、「仏教世界」に属する人びとごとに区分けするなかで、分類上の優先事項がもつ対立を生む力が、知らず知らずのうちに、人びとを柔軟性のない分類枠に押し込めるために利用されている。その他の区分（たとえば貧富の差、階級、職業、政治信条、国籍、居住地、言語など）はみな、人びとの違いを見分ける基本的分類法とされるこの宗教区分のなかに埋没させられるのだ。

　文明の衝突論の難点は、避けがたい衝突かどうかを論ずる以前の問題である。なにしろ、単一基準の分類法のみが妥当だという前提から始まるからだ。それどころか、「文明は衝突するのか？」という問いかけがもとにしている前提は、人間はなによりもまず異なった別々の文明に分類することができて、異なった人間相互の関係はなぜか、とくに理解をいちじるしく損ねることなく、異なった文明相互の関係という観点から判断できるというものなのだ。この命題の基本的な欠陥は、文明が衝突しなければならないのかを問うはるか以前にさかのぼるのである。

　こうした還元主義《リダクショニズム》的な〔単純化した〕見解は、おおむね世界の歴史のあいまいな認識と結びついているると思われる。それは第一に、こうした文明のカテゴリー内部の多様性を見逃しているし、第二に、物流だけでなく知的な交流が、文明と呼ばれるものの地理的境界線を越えて及ぼす範囲と影響力を考慮していない（第3章に詳述）。さらに、その混乱を招く力は、衝突論を支持する人びと（西洋の排外主義者からイスラム原理主義者にいたるまで）を誘惑するだけでなく、それに反論しつつも衝突論者による枠組みの制約内で応じようとする人にまで及ぶ。

文明を基準にしたそのような考え方の限界は、「文明間の対話」を掲げる政策（近年たいへん注目されているようだが）にとっても、文明の衝突論の場合と同じくらい、その根拠を掘り崩すものであることを示している。人びとのあいだに友好を築くという気高く建設的な目的も、文明間の友好としてとらえられると、たちまちのうちに多面的な人間を一元的な存在へと単純化し、何世紀ものあいだ国境を越えた豊かで多様な交流——芸術、文学、科学、数学、娯楽、貿易、政治など、人類共通の関心事——の場を提供していたさまざまな関係を封殺するものとなる。世界平和を追求するための善意の試みも、人間世界を根本的に幻想によって解釈した試みであれば、きわめて逆効果となるだろう。

## 宗教連合ではなく

世界の人びとがますます宗教にもとづいて分類されるなかで、国際テロリズムや国際紛争に対する欧米諸国の対応も、妙にぎこちないものになりがちだ。「他国民」への尊重の念は、国際交流の場にいる異なった人びとが宗教分野だけでなく非宗教分野でもなし遂げた、多方面のかかわりや功績に注目するのではなく、代わりに彼らの聖典を称えることによって示されるようになる。現代の世界政治の混乱した用語で「イスラム系テロ」と呼ばれるものと対峙するうえで、欧米諸国の政策による知的戦力は、イスラム教を定義——または再定義——する試みにかなりのねらいを定めている。

　しかし、宗教による壮大な分類にばかり着目すると、人を動かすその他の重要な懸案事項や思想を見落とすだけでなく、宗教的権威者の発言力を一般に高める効果も生む。たとえば、ムスリムの聖職者は、いわゆるイスラム社会の職権上のスポークスマンとして扱われるようになる。だが、宗教によってたまたまムスリムとされる膨大な数の人びとは、どこかの一人のイスラム聖職者《ムッラー》が唱える実態とは大きく異なっているのである。われわれには多様な多様性があるにもかかわらず、世界は急速に、人びとの集合体としてではなく宗教や文明の連合として見られるようになっている。イギリスでは、多民族社会がなすべきことに関する見解が混乱したために、すでにある公費補助のキリスト教学校に加えて、公費によるイスラム教学校、ヒンドゥー教学校、シク教学校などが続々とつくられて、幼い子供たちは、自分たちが関心をもつかもしれない異なった帰属の制度について論理的に考える能力を身につける以前から、単一基準の宗教集団のなかに無理やり押し込められている。北アイルランドでは従来から、公立の特定宗派の学校が存在しており、それによって幼年期からカトリックかプロテスタントに峻別される分離政策が助長されているが、いまやイギリスではそれ以外の場所でも、同様の「発見された」アイデンティティによる運命づけが認められつつあり、実際にいっそうの隔離が促されている。

宗教または文明による分類は、当然の成り行きとして、対立をあおる歪曲を生む原因にもなる。それはたとえば、思慮を欠いた思い込みとなることもあり、ウィリアム・ボイキン米陸軍中将がムスリムとの闘いを、品のないくだけた調子でおおっぴらに発言したこと――いまでは広く知れわたっているが――などは、その典型例だ。「私の神はあの男の神よりも偉大だ」。キリスト教の神が「本物の神で、(ムスリムの神は) 偶像だ」[8]。こういうかたくなな偏見の愚かしさは、もちろん容易に見てとれるものだ。したがって、こうした無鉄砲な聞き苦しい騒音による実害は、比較的少ないと思われる。一方、巧妙な「くせ玉」を使う欧米の公共政策、つまりイスラム教を正しく理解する善良そうな戦略を通じて表面的に高尚な見解を示し、ムスリムの活動家の矛先をそらそうとするものにこそ、より深刻な問題がある。そうした政策は、イスラム教は平和な宗教であり、「真のムスリム」は寛容な人であるはずだ (「だから、いいかげんにおとなしくしてくれ」) と主張することによって、イスラム系テロリストを暴力から引き離そうとするものだ。現時点では、イスラム教の対立的見解を否定するのはたしかに適切だし、きわめて重要なことだ。とはいえ、おもに政治的な見地から「真のムスリム」とはなにかを定義することが、そもそも必要または有用なのか、それどころか可能であるのかすらも、われわれは問わなければならない[9]。

## ムスリムと知的多様性

ある人の宗教が、その人のすべてを網羅する唯一のアイデンティティとなる必要はない。とりわけ、イスラム教という宗教は、生活の多くの領域でムスリムが責任ある選択をすることを禁ずるものではない。それどころか、同じムスリムでも、ある人は他の宗教に対立的な見解をもっていても、別のムスリムは異教徒にきわめて寛容になることも可能であり、両者ともその理由だけからムスリムでなくなることはない。

イスラム原理主義とそれに関連したテロリズムへの対応は、イスラム教の歴史とムスリムの歴史が一般によく区別されていないことによって、ことさら混乱している。ムスリムにも、世界のその他の人びとと同様に多くの異なった仕事や趣味があり、彼らのすべての優先事項と価値観がイスラム教徒であるという唯一のアイデンティティに結びつけられる必要はない（これについては第4章で詳述する）。イスラム原理主義者がイスラム教徒であることだけを優先して、ムスリムがもつそれ以外のすべてのアイデンティティを抑制しようとするのは、もちろん驚くべきことではない。しかし、イスラム原理主義に関連した緊張や対立を克服したい人びとも、どうやらムスリムをイスラム教徒以外のかたちでとらえられないのは、実に奇妙なことだ。こうした見方は、たまたまムスリムである多様な人びとの多面的な本質を見るのではなく、むしろイスラム教を再定義しようとする試みと結びついている。

人はさまざまな角度から自分を思い描き、それにはそれだけの理由がある。たとえば、バングラデシュのムスリムは、ムスリムであるだけでなくベンガル住民であり、バングラデシュ人でもある。彼らは一般に、ベンガルの言語や文学、音楽にかなり誇りをもっているし、自分たちの階級、性別、職業、政治信条、美的趣向などに関連したその他のアイデンティティについては言うまでもない。バングラデシュがパキスタンから分離独立したのは、なんら宗教にもとづく理由からではなかった。ムスリムとしてのアイデンティティはすでに、分離以前のパキスタンの東西両側で、大多数の人びとによって共有されていたからだ。分離問題はむしろ、言語、文学、および政治に関連するものだった。

同様に、ムスリムの歴史を擁護する人びとが、ついでに言えばアラブの遺産を守ろうとする人びとが、宗教信条にこだわって科学や数学には関心を払わない理由を実証するものはなにもない。アラブやムスリムの社会はこうした分野に大きく貢献してきたのであり、それらもまたムスリムやアラブのアイデンティティの一部となりうるのだ。これらの遺産は重要なものなのに、よく考慮せずに分類された結果、科学と数学は「西洋科学」の範疇に入れられがちだった。そのため、西洋以外の人びとは、自尊心を宗教の奥底から掘りだすはめになったのだ。今日、不満を抱くアラブの活動家が、アラブの歴史の多方面にわたる豊かさではなく、イスラム教の純粋さにしか誇りをもてないとすれば、敵味方双方で人びとが共有する宗教第一主義が、単一基準のアイデンティティというしがらみに人びとを縛りつけるうえで、大きな役割を果たすことになる。

「穏健なムスリム」を探し求める欧米諸国の必死の取り組みですら、政治信条における穏健さと信仰上の穏健性を混同している。人は、強い信仰心――イスラム教であれなんであれ――をもちながら寛容な政策を実践することもできるのだ。一二世紀にイスラム教のために十字軍と勇敢に戦ったサラディン〔サラーフ・アッディーン〕帝は、不寛容なヨーロッパから逃れてきた高名なユダヤ人哲学者のマイモニデスに、エジプトの宮廷で名誉ある地位を、なんら矛盾を感じることなく提供することができた。一六世紀から一七世紀の変わり目に、異端視されたジョルダーノ・ブルーノがローマのカンポ・デ・フィオーリ広場で火刑に処せられているころ、ムガル帝国のアクバル帝（生涯をムスリムとして全うした）はちょうどアーグラで、すべての人に信仰の自由を認めるなど、少数派の権利を成文化する長年の大計画を達成したところだった。

とくに注目すべき点は、アクバルがムスリムであり続けながら、自由主義の政策を意のままに進められたこと、およびその寛容さがイスラム教によって禁じられなかったのはもちろんのこと、なんら規定されたものでもなかった事実だ。一方、ムガルの別の皇帝アウラングゼーブは、少数派の権利を否定し、非ムスリムを迫害したが、そのためにムスリムであるのをやめることはなかった。ちょうど、アクバルが寛容な多元主義政治ゆえにムスリムであるのをやめなかったのと同じようにである。

## 混乱の炎

たとえ暗黙のうちにであっても、人間のアイデンティティは選択の余地のない単一基準のものだと主張することは、人間を矮小化するだけでなく、世界を一触即発の状態にしやすくなる。突出した唯一の分類法による区分けにとって代わるものは、われわれはみな同じだという非現実的な主張などではない。われわれは同じではない。むしろ、問題の多い世界で調和を望めるとすれば、それは人間のアイデンティティの複数性によるものだろう。多様なアイデンティティはお互いを縦横に結び、硬直した線で分断された逆らえないとされる鋭い対立にも抵抗する。お互いの違いが単一基準による強力な分類システムのなかに押し込められれば、われわれが共有する人間性は苛酷な試練を受けることになる。

おそらく最大の障害は、複数のアイデンティティを認めることから生まれる論理的思考と選択の役割を無視し、否定することにあるのだろう。単一基準のアイデンティティという幻想は、われわれが実際に暮らす社会を特徴づける多種多様な世界よりも、はるかに不和を生むものになる。選択の余地のない単一性による誤った説明は、われわれの社会的、政治的な論理のおよぶ範囲と力に甚大な被害をおよぼすものだ。運命という幻想は、驚くほど重い代償を課すのである。

# 第2章　アイデンティティを理解する

V・S・ナイポールは『南部での転換』の印象的な一節において、人は今日の人種や文化のるつぼのなかで、過去や歴史的なアイデンティティを失うのではないかと憂慮している。

一九六一年に、最初の旅行記を執筆するためにカリブ海を旅していたとき、マルティニーク島のインド人に会って、衝撃を受けたことを覚えている。堕落して、精神性がなくなっているように感じたのだ。そのうちに、彼らはマルティニーク島にどっぷりと浸かってしまっており、これらの人びとと世界観を共有するすべはないのだということを、私は理解し始めた。彼らの祖先もある段階では私の祖先と同じような歴史を歩んでいたのに、いまでは彼らは人種的にも、ほかの面でも、別の人びとになってしまったのだ。(1)

このような懸念は不安や動揺を表しているだけではない。共通の歴史や、その歴史にもとづく帰属意識に人びとがえてして肯定的で建設的な重要性を感じていることが、そこにはありありと示されている。

しかし、歴史や出身地だけが、自分を認識し、自分が属している集団を確認する唯一の方法ではない。われわれは多岐にわたるカテゴリーに同時に帰属しているのだ。私はアジア人であるのと同時に、インド国民でもあり、バングラデシュの祖先をもつベンガル人でもあり、アメリカもしくはイギリスの居住者でもあり、経済学者でもあれば、哲学もかじっているし、物書きで、サンスクリット研究者で、世俗主義と民主主義の熱心な信奉者であり、男であり、フェミニストでもあり、異性愛者だが同性愛者の権利は擁護しており、非宗教的な生活を送っているがヒンドゥーの家系出身で、バラモンではなく、来世は信じていない（質問された場合に備えて言えば、「前世」も信じていない）。これは私が同時に属しているさまざまなカテゴリーのほんの一部にすぎず、状況しだいで私を動かし、引き込む帰属カテゴリーは、もちろんこれ以外にもたくさんある。

それぞれの集団への帰属は、そのときどきの状況しだいでかなり重要なものになりうる。それぞれの集団が競い合って人の関心を引き、優先順位を高めようとすれば（さまざまな忠誠心から生じる要求がぶつかり合わないこともあるので、必ずしも相反するわけではないが）、人はそれぞれのアイデンティティをどれだけ重視すべきか判断しなければならず、その重要性もまた状況によって変わってくる。ここには二つの別々の問題がある。第一に、アイデンティティは確実に複数あり、一つのアイデンティティの重要性が別のアイデンティティの重要性を失わせることはない、という認識だ。第二に、人は競合しうる異なった忠誠心や優先事項にどれだけ重点を置くべきか、その場の状況しだいで——明示的に、もしくは暗黙のうちに——選択しなければならない、ということだ。

他者と自分がそっくりであることを、さまざまに異なった方法で認識すること〔共感、一体感〕は、社会生活を営むうえで非常に重要なことだろう。ところが、社会分析をする人びとを説得して、アイデンティティを納得のいく方法で扱ってもらうことは、必ずしも容易ではない。とりわけ、社会・経済分析の論文には、二種類の還元主義が横行しているようだ。一つは「アイデンティティ軽視」とも呼べるもので、他者との同一性《アイデンティティ》の共有意識が、われわれの大切にするものや振る舞いに及ぼす影響を無視するか、まるで無頓着であるものだ。たとえば、現代の経済理論には、目的、優先順位を決める際に、人は自分以外のだれともアイデンティティ意識をもたない——もしくは関心を払わない——かのように展開されるものがかなり多く見受けられる。ジョン・ダンは「なんぴとも一島嶼にてはあらず、なんぴともみずからにして全きはなし」と警告したかもしれないが、純粋に経済学理論を追求した後世の人びとは、自らをかなり「全き」と見なしていることが多い。

「アイデンティティ軽視」とは対照的に、「単一帰属」とも呼べる別のタイプの還元主義もある。こちらはどんな人も事実上、ただ一つの集合体にのみ（それ以上でもそれ以下でもなく）優先的に帰属していると見なすものである。もちろん、どんな人間も現実には、生まれや社会、共同体などを通じて、多くの異なった集団に属していることをわれわれは知っている。こうした集団アイデンティティはそれぞれ、人に帰属意識や忠誠心を与える可能性があるし、実際に与える場合がある。にもかかわらず、社会理論のいくつかの学派では、暗黙のうちにしろ、単一帰属を事実上決め込んでいるものが驚くほど多く見られる。そのような考え方は、共同体主義《コミュニタリアニズム》的な思想家のあいだでかなりよく受け入れられており、また世界の人びとを文明のカテゴリーに分けたがる政治文化学者にも好まれているようだ。人それぞれを、ただ一つの帰属関係にしっかりと組み込まれた存在と見なすことによって、複雑に入り組んだ複数の集団や多数の忠誠心などは消し去られ、人間らしい豊かな暮らしを送る贅沢さは、だれもがただ一つの生まれながらの枠内に「置かれて」いるのだとする型どおりの偏狭な主張にとって代わられている。

なるほど、単一帰属という仮定は、多くのアイデンティティ理論にとって必須になっているだけでなく、第1章で論じたように、それはまた党派主義の活動家がよく使う武器にもなっている。彼らが目論んでいるのは、特定の集団への忠誠心を弱める可能性があるそれ以外のすべてのかかわりを、標的とする人びとに無視させることなのだ。ある限定的なアイデンティティから生じる帰属と忠誠心のほかはすべて無視するようにあおることは、人びとを心底から惑わせ、社会的緊張や暴力に結びつくだろう(2)。

現代の社会や経済に関する考えに、こうした二種類の還元主義が蔓延していることを考えれば、どちらも真剣に注意を傾けるだけのことはある。

## ■アイデンティティ軽視と合理的な愚か者

まず、アイデンティティ軽視について話を進めよう。人はきわめて利己的であるという仮定は、現代の多くの経済学者にとって明らかに「自然の理」であるようだ。利己性こそ「理性」——こともあろうに——がつねに要求するものだというさらなる主張が、これまた頻繁になされることによって、そのような思い込みの奇妙さはいっそう際立つものになってきた。やたらによく耳にする——極めつけの議論と呼ばれる——主張もある。それは次のような問いかけをするものだ。「自分の利益にならないなら、なぜそもそもそれをやろうとしたのか?」このような、皮肉屋的な懐疑主義にかかれば、モハンダス・ガンディーやマーティン・ルーサー・キング・ジュニア、マザー・テレサ、ネルソン・マンデラのような偉人もたいそうな愚か者になり、その他大勢のわれわれのあいだにも、小粒の愚か者がいることになる。そういう主張は、社会のなかで多様な帰属関係と責務をもちながら生きている人間を動かすさまざまな動機をまったく無視している。一途で身勝手な人間は、行動に関する基礎を多数の経済理論に提供し、「経済人」とか「合理的エージェント」といった高尚な専門用語によって、やたらに美化されてきた。

もちろん、ひたすらに私利を追求する経済行動という仮定については、これまでにもさまざまな批判があったが（「経済人」の生みの親とされるアダム・スミスでさえも、そのような仮定に非常に懐疑的だった)、現代の経済理論の多くは、そんな疑念はとるに足らないもので、容易に払拭できるかのように展開されてきた(3)。ところが近年、こうした一般的な批判に加えて、ゲーム論的実験などの結果からも批判が出てきている。そこから、人には帰属が一つしかなく全く利己的だという仮定と、実際に観察された人間の行動様式には、隔たりがあることがわかってきた。こうした観察は、一つの目的にまっしぐらに向かう人びとの精神構造とされるものの一貫性と持続性への概念上の疑問を、実証によって裏づけてきた。なにしろ、難なく区別のできる次のような問いに、もしそうだったら事実上の違いがでないという、哲学的、心理学的な限界があるからだ。すなわち、「なにをやろうか?」、「私の利益に最もかなうことはなにか?」、「どの選択肢が私の目的を最も推進するのか?」、および「合理的に考えるとなにを選択すべきか?」、といった質問だ。首尾一貫した予測可能な行動をとれるのに、これらの別個の質問にそれぞれ異なった回答ができないのであれば、その人は「合理的な愚か者」と見なすことができるだろう(4)。

そう考えると、経済学における選好と行動様式の特性評価にも、アイデンティティの概念と理解を取り入れてみることがとりわけ重要になる(5)。こうしたことは実際、近年の研究において、さまざまなかたちで行われている。同じ集団に属する他者とのアイデンティティ——および、経済学者のジョージ・アカロフが「忠誠心フィルター」〔人生における価値観を変える経験〕と呼ぶものの働き——を考慮すれば、個人の行動だけでなく人間関係にも強い影響力が及ぶようになり、そうした変化は多岐にわたるかたちで現れるだろう(6)。

もちろん、純粋に利己的な行動という考えが否定されたからと言って、人の行動はつねに他者とのアイデンティティ意識によって影響されるわけではない点も、認識しておかなければならない。人の行動が好ましい行動規範（金銭面の潔白さや公正感など）の遵守や、これといった共感を抱きにくい他者に対する義務感――受託者責任（年金制度の運用管理者が果たすべき責任）など――によって左右されることは、十分にありうるのだ。とはいえ、他者とのアイデンティティ意識は非常に重要で、ときに複雑な影響を人の行動に及ぼし、それは自己利益のみにもとづく振る舞いに容易に逆らうものとなるだろう。

　この幅広い問題は、行動規範に自然選択がきわめて重要な役割を果たしてきたという、もう一つの点にも関連する[7]。アイデンティティ意識が集団としての成功につながり、それによって個人の生活も改善されるのなら、そのようなアイデンティティ重視の（協調的な）行動様式は、やがて普及し、推進されるようになるだろう。実際、内省的選択でも進化論的選択でも、アイデンティティの概念は重要となり、両者の混合――批判的内省と選択的進化を結びつけたもの――もまた、当然のことながら、アイデンティティに影響された行動の広がりに結びつくだろう。「アイデンティティ軽視」という仮定は、「経済人」の概念に沿ってまとめ上げられた経済理論の根幹を占めるだけでなく、政治、法律、社会のさまざまな理論（いわゆる合理的選択の経済学を模倣せんばかりに心底から賞賛したもの）でも、もてはやされがちだが、いまや間違いなくそれを見直す時期がきている。

## 複数帰属と社会的背景

ここで二つ目の還元主義、つまり単一帰属の仮定について考えることにしよう。われわれはみな異なった背景、つまり個人の経歴や交友関係、社会的活動から生じるそれぞれの生活において、さまざまな種類のアイデンティティと個人的にかかわっている。この点は第1章でも述べたが、ここであらためて強調するだけの価値があるかもしれない。たとえば、ある人がイギリス国民で、マレーシア出身であり、人種的には中国系で、株式仲買人で、かつ非菜食主義者《ノン・ヴェジタリアン》、喘息患者、言語学者、ボディビルダー、詩人、中絶反対派、バードウォッチャー、占星術師であって、さらに神は騙されやすい人を試すためにダーウィンを創造したと信じる人でもありうるのだ。

われわれはいろいろな方法で、多くの異なった集団に属しており、こうした集合体の一つひとつが潜在的に重要なアイデンティティを個人に与えうる。人は帰属する特定の集団が自分にとって重要かどうか決めなければいけないだろう。それを決める際には、次の二つの、相互にかかわりつつも異なった問題が関係してくる。①自分にとっていま関連性のあるアイデンティティはなにかを決めること、および②これらの異なったアイデンティティの相対的な重要性を考えることだ。いずれの作業も、論理的思考と選択が要求される。

社会分析のために人を分類する独自の方法を探究する試みは、もちろんいまに始まったことではない。社会主義の古典によく見られる、人を労働者と非労働者に分ける政治的区分にすら、この単純化の特徴が見られる。社会・経済分析において、そのような二階級の分類はきわめて当てにならないことが、(社会的弱者への取り組みに関する分析でも)いまでは広く認められている。となれば、カール・マルクス自身が一八七五年(『共産党宣言』から四半世紀後)に書いた『ゴータ綱領批判』で、こうした集団への一意的な帰属化を厳しく批判していることは、想起してしかるべきだろう。ドイツ労働党の行動計画草案(「ゴータ綱領」)に対するマルクスの批判にはとりわけ、労働者を「単に」労働者としてしかとらえず、人間としての多様性を無視することへの反論が含まれていた。

不平等な個人(しかも、不平等でなければ異なった個人とは見なされない)は、平等な視点のもとに置かれ、一つの明確な側面からのみ見なされた場合、たとえばこの場合なら、労働者としてのみ見なされ、それ以外の面はなにも考慮されず、ほかのあらゆる要素が無視された場合にのみ、平等な基準によって測ることができる。(8)

単一帰属という見方は、人はだれでもただ一つの集団に属しているものだという単純な仮定では、正当化するのが難しいだろう。人はそれぞれ明らかに多くの集団に属しているからだ。かといって、たとえ人の帰属する集団が複数あっても、どんな状況でもどれか一つがおのずとその人にとって卓越した集合体になるのだから、さまざまな帰属集団カテゴリーの相対的な重要性を決めようとしても選択肢はないのだと主張したところで、単一帰属の見解はやはり容易に正当化できるものではない。

多数の帰属集団の問題とアイデンティティの考えにおける選択の役割については、またあとで論じなければならないが、そのまえに、アイデンティティの相対的な重要性が、外部からの影響によっても大きく変動することに注目してもよいだろう。すべてのものが論理的思考と選択の本質によって明確に定まるわけではない、ということだ。この点を明らかにする必要があるのは、人がなしうる選択を制限または抑制するほかの影響に留意したうえで、選択の役割を理解しなければならないからだ。

一つには、特定のアイデンティティの重要性は社会的な背景に左右される。たとえば、夕食に出かける場合なら、その人のヴェジタリアンとしてのアイデンティティのほうが言語学者としてのアイデンティティよりも重要になるかもしれないが、言語学研究に関する講演に出席することを考えているのなら、後者のほうがとりわけ意味をもつだろう。このような変動性があっても、なんら単一帰属の仮定を復活させることにはならないが、選択の役割は状況を重視して考える必要があることは明らかだ。

また、すべてのアイデンティティが永遠に重要であるとも限らない。それどころか、アイデンティティを共有する集団はときにはごく短命で、不安定な存在にもなる。アメリカのコメディアン、モート・サールは、オットー・プレミンジャー監督の『栄光への脱出』〔原題「エクソダス」〕（モーゼが導いた古代ユダヤ人の出エジプト記になぞらえたもの）の四時間にわたるしごく退屈な映画を観たとき、ともに苦痛を味わっている観客を代表してこう要求したと言われている。「オットー、私の民を去らせよ！」　その苦しめられた観客の一団には、たしかに仲間意識を抱く理由はあったのだが、そのようなつかのまの「私の民」集団と、深刻な圧政下にありモーゼによって率いられた民の一団――その有名な嘆願のもともとの主題――には、圧倒的な違いがあることが見てとれるだろう。

まず、アイデンティティがどう受容されるのかという問題を考えると、分類はさまざまな形態をとりうるのであって、発生するカテゴリーのすべてが重要なアイデンティティを生みだす根拠としてつねに役立つとは限らない。かりに、世界中から現地時間の午前九時から一〇時のあいだに生まれた人を抽出した一団というものを考えてみよう。これはかなりよく定義された明確な集団だが、そのような集団の連帯と、そこから派生しうるアイデンティティを維持させることに多くの人が熱狂するとは想像しがたい。同様に、サイズ8の靴を履く人びとが、靴のサイズを根拠にした強いアイデンティティ意識でお互いにつながっていることは通常はありえない（その描写的特性は、靴を買うときにむしろ重要となり、その靴を履いて颯爽と歩きまわるときにはかなり重要になるが）。

分類そのものはたしかに表層的なものだが、アイデンティティはそうではない。さらに興味深いことに、特定の分類がアイデンティティ意識を生みだすのかどうかは、社会的な状況に左右されるはずだ。たとえば、サイズ8の靴を探すのがなにやら複雑なお役所的理由ゆえに（そのような供給不足を理解するには、ソ連文明最盛期のころのミンスクやピンスクあたりに身をおいてみなければならないだろう）、非常に困難な事態になれば、そのサイズの靴を必要とすることが実際に苦難をともにすることになり、連帯とアイデンティティを生むのに十分な理由を与えうる。サイズ8の靴の入手可能性に関する情報を交換するために、社交クラブが（できれば酒類販売権とともに）設立されることさえあるかもしれない。

同様に、午前九時から一〇時のあいだに生まれた人が、まだ解明されていない理由ゆえに特殊な病気（この問題を研究するためにハーヴァード・メディカルスクールが動員されるかもしれない）に罹りやすいとしたら、やはりアイデンティティ意識を生みだす理由を与えるだけの、ともに分かちかえる苦悩がここにも存在するのである。この例を別の角度から見ると、たとえばどこかの権威主義的支配者が、その時間帯に生まれた人が裏切り者になると不可思議な理由から信じている（おそらくマクベスに出てくるような魔女が、午前九時から一〇時のあいだに生まれた者によって殺されるだろうと予言した）ために、その時間帯に生まれた人間の自由を制限したいと考えれば、その分類上の集団と迫害にもとづく連帯感とアイデンティティが、ここでも実際に生じるかもしれない。

ときには、頭で考えれば正当化しづらい分類であっても、社会のなかでは重要になることもある。フランスの哲学者で社会学者でもあるピエール・ブルデューは、社会的行動が「違いがないときに違いを生み出す」結果になりうることを、また「あなた方は違っているのだと言うことによって、社会的魔法が人びとを変身させうる」ことを指摘している。競争試験がまさにその好例である(三〇〇番目の入学志願者はまだ大丈夫だが、三〇一番目は不合格になる)。つまり、社会に差異があるのは、単に差異を考案しているからなのだ。(9)

分類法が恣意的もしくは気まぐれなものであっても、いったんその分断線にしたがって社会的に認知されると、それによって分類された集団が派生的に重要性を帯びるので(公務員試験であれば、そのような分類しだいでよい仕事に就けるか、仕事にあぶれるかの違いになる)、これは分断線の両側でアイデンティティを形成するのに十分な基礎をつくることになるだろう。

したがって、そのときどきに重要なアイデンティティを選択するための論理的思考は、単なる知的な営みを超えて、偶発的に生じる社会的意義にまで及ぶのである。アイデンティティの選択にかかわっているのは理性だけではない。論理的に思考するうえでは、それぞれのカテゴリーに分類されることの社会的背景や偶発的な妥当性にも留意しなければならないだろう。

## 対照的なアイデンティティと非対照的なアイデンティティ

さらに「対照的」なアイデンティティと「非対照的」なアイデンティティを区別することも可能である。異なる集団が、同じ種類のメンバー資格(たとえば国籍)を扱う同じカテゴリーに属することもあれば、異なったカテゴリー(国籍、職業、階級、性別など)に属することもある。前者の場合、同じカテゴリー内の異なった集団同士はなんらかの対照をなしているので、それに関連したアイデンティティ同士もまた対照的になる。だが、異なった基準にもとづいて分類された集団を扱う場合には（職業と国籍のように）、「帰属」に関する限り、集団間に実際に対照をなすものはないかもしれない。ところが、このような非対照的なアイデンティティは、「帰属」に関する限り、領土をめぐる争いには関連していないけれども、人びとの関心や優先順位においては競い合う可能性がある。ある人が何か一つのことをしなければならないとき、たとえば人種を優先するのか、宗教なのか、政治運動や職務や国籍なのかをめぐって、人の忠誠心はぶつかり合う。

実際、われわれは対照的なカテゴリー内ですら、複数のアイデンティティをもつことが可能である。国籍は基本的に、人のアイデンティティにおいて別の国籍と対照をなしうる。しかし、以下の例がまさに示すように、対照的なアイデンティティですら、特定のただ一つのアイデンティティだけを存続させ、残りの選択肢をみな捨て去ることを必ずしも要求していない。一人の人間が、たとえばフランスとアメリカの二重国籍をもつことは可能だ。もちろん、中国や日本のように、国籍が一つに限られている国もある（実際、アメリカでもかなり近年までそうだった）。しかし、二重国籍がたとえ禁止されていても、二重の忠誠から生じる葛藤が消えるわけではない。たとえば、イギリス在住の日本人が、日本国民としてのアイデンティティを失いたくないために、イギリス国籍を取得しようとしない場合でも、イギリスへの愛着をはじめ、日本の法律では禁じることのできないイギリス住民としての帰属意識という別の側面に、まだ相当な忠誠心を持ち続けているかもしれない。同様に、イギリス国民になるために日本国籍をあきらめた人も、日本人としてのアイデンティティ意識に、かなりの忠誠心をまだもっているかもしれない。

異なったアイデンティティがもたらす優先事項や要求をめぐる葛藤は、対照的なカテゴリーだけでなく、非対照的なカテゴリーにおいても顕著なものになりうる。人は別のアイデンティティを優先させるために、一つのアイデンティティを否定しなければならないのではなく、むしろ複数のアイデンティティをもつ人は、葛藤が起きた場合に、問題となる特定の決断を下すために、異なったアイデンティティ間で相対的な重要性を決めなければならない、ということなのである。したがって、論理的思考と精査が、アイデンティティを特定化するうえでも、それぞれの要求の相対的な強さを検討するうえでも、重要な役割を果たすだろう。

## 選択と制約

それぞれの社会状況において、受け入れやすさや相対的な重要性という点から見て、意味があり、妥当となりうるアイデンティティは多々あるだろう。たいていの場合、そうしたアイデンティティは、国籍、言語、民族、政治信条、職業のように、永続的で広範囲にわたる関連性があり、頻繁に思い起こされる特徴を備えているので、それらが複数あることが重要になるだろう。人は異なった帰属関係のうち、どちらをより重んじるか決定しなければならず、状況次第でそれは変わってくるかもしれない。人が別のアイデンティティを検討する可能性を完全に奪われた状態というのは非常に考えにくく、自分のアイデンティティを、あたかもそれが純粋な自然現象であるかのようにただ「発見」しなければならない、というのは信じがたい。実際には、われわれは知らずしらずのうちであっても、異なる所属や社会のうち、どれを優先するべきかつねに選択しているのだ。そのような選択はおおむね明白なものであり、入念に検討されたものだ。モハンダス・ガンディーが、イギリスの法的正義を追求する弁護士となるべく学んできたアイデンティティよりも、イギリスからの独立を求めるインド人としてのアイデンティティを優先することを慎重に判断したときもそうだったし、E・M・フォースターが次のような有名な文章で締めくくったときも同様だ。「祖国を裏切るか、友を裏切るか選ばなければならないとしたら、祖国を裏切る勇気が自分にあることを願う」。[10]

だれもが帰属する異なったカテゴリーや集団がつねに存在することを考えれば、単一帰属説がなんらかの現実味を帯びることはまずないだろう。単一帰属を主張する人びとによく見られ、たびたび繰り返されている、アイデンティティは「発見」されるものだという考えは、われわれがとりうる選択はそれが可能かどうかで制約されるという事実（たとえば私は、半年間もの長い夜を問題なく快適に過ごせるラップランド出身の青い目の十代の少女のアイデンティティを、簡単に選ぶことはできない）に後押しされている可能性がある。そして、こうした制約が、それ以外のどんな選択も不可能なものとして排除する、というものだ。だが、そうであっても、たとえば国籍、宗教、言語、政治信条、職務などの優先事項のあいだで、まだ選択すべきものは残っている。また、そうした決定もきわめて重大なものになりうるのだ。たとえば、私の亡妻エヴァの父エウジェニオ・コロルニは、一九三〇年代のムッソリーニによるファシズム体制下のイタリアで、イタリア人であることと、哲学者であり、大学教師、民主主義者、社会主義者であることによる異なった要求を比較しなければならず、哲学を研究する道をあきらめて、イタリアのレジスタンスに加わった（彼はローマにアメリカ軍が到着する二日前に、ファシストに殺された）。

制約は他者をどれだけ説得できるかという点に対して、とくに厳しいものになるだろう。とりわけ、自分を彼らが抱く先入観とは異なった（もしくはそれ以上の）人間であることを説得するのは難しい。ナチスドイツにおけるユダヤ人や、アメリカ南部で暴徒にリンチされかけているアフリカ系アメリカ人や、インドのビハール州北部で上位カーストの地主に雇われたガンマンに脅される、土地をもたない反抗的な農業労働者などは、彼らを攻撃する者の目に映る自分のアイデンティティを変えることはできないかもしれない。他者の目に映るわれわれのアイデンティティを選択する自由は、とてつもなく制限されることもあるのだ。この点に論争の余地はない。

何十年も昔、私がまだケンブリッジ大学の学部生だったころ、教わった先生の一人で優れた経済学者だったジョーン・ロビンソン教授に、とりわけ激しい議論になった個人指導のさなかに次のように言われたことがある（昔はよくこういう論争をした）。「日本人は礼儀正しすぎるけれど、あなたたちインド人は無礼すぎね。中国人がちょうどいいわ」。私はこの一般論をそのまま受け入れた。もちろん、インド人が無礼になりがちな傾向に、さらなる証拠をあげることもできただろう。しかし、私がなにを言おうがやろうが、先生の頭のなかのイメージはすぐに変わらないことにも気づいたのだ（ちなみに、ジョーン・ロビンソン教授はインド人を非常に好いていた。インド人は無礼なりにまったく申し分ない、と彼女は考えていた）。

より一般的には、自分を見たときのアイデンティティにしろ、他者の目に映るアイデンティティにしろ、それらを考慮するときには、特定の制約のなかで選択をしている。もっとも、これは決して驚くべき事実ではない。あらゆる種類の選択はつねに特定の制約のなかでなされており、このことはおそらくどんな選択においても最も基本的な側面なのだろう。第1章で述べたように、経済学を学ぶ者であればだれしも、消費者がつねに予算制約の範囲内で選択することを知っている。だが、それは彼らに選択肢がないことを示しているのではなく、ただ予算内で選択しなければならないという意味にすぎない。

アイデンティティにもとづく思考が要求し、示唆するものを判断するうえでは、論理的思考も必要になる。人びとが自分をどのように見なすかが、実際的な理由に影響を及ぼすことは十分にあるだろうが、その影響がどのように――それどころか、どちらの方向に――働くかとなると、それは決して直接的にではない。人は熟考したすえに、自分は特定の民族集団（たとえばクルド人）の一員だと決めるだけでなく、それが自分にとってきわめて重要なアイデンティティだとも判断するだろう。このような判断によって、人はその民族の幸福と自由のためにより多くの責任を負う方向へと容易に影響され、それは自立した生き方をするための義務の延長となるだろう（こうなれば自己は拡大されて集団内で共感しあう他者にまで及ぶようになる)。

しかし、だからと言ってその人が選択を迫られるなかで、この集団のメンバーを優遇すべきなのか、そうではないのかについてはまだわからない。かりに、公的な決断を下すにあたって自分の民族を優遇すべきだとすれば、当然ながらこれは道徳と倫理に則った輝かしい模範とはならず、うさん臭い身内びいきの例として見なされるだろう。それどころか、無私になることが公衆道徳の一環であるように、人は自分が仲間だと考える集団の一員を優遇する際は、とくに遠慮がちでなければならないとすら言えるかもしれない。アイデンティティを認識し主張することが、必ず実際的な決断において連帯を強めるための根拠になる、と仮定することはできないのである。この点に関しては、論理的思考と精査がさらに必要だ。実際、アイデンティティにもとづく思考や決断のあらゆる段階において、論理的思考は広くあまねく必要とされている。

## コミュニタリアニズムのアイデンティティと選択の可能性

ここでいくつかの具体的な議論や主張について論じたい。まず、コミュニティにもとづくアイデンティティの優先という、共同体主義《コミュニタリアニズム》の哲学で力説されてきた見解から始めよう。このような考え方は、特定のコミュニティ集団への帰属を、別の集団よりも重視するだけでなく、コミュニティの一員であることを自分自身の延長のようなものとして見なす傾向がある。(11) コミュニタリアニズムの考え方はここ数十年間に、現代の社会、政治、道徳理論において優勢になっており、知識だけでなく行動も支配する社会的アイデンティティの卓越した強力な役割が広く研究され、支持されてきている。(12)

コミュニタリアニズムの一部の考えには、コミュニティの一員としてのアイデンティティが、人のもつ主要な、または卓越した（おそらく唯一重要ですらある）アイデンティティでなければならないという――明示的または暗示的な――了解がある。この結論は、関連しつつも二つの別個の論理の道筋に結びつくだろう。一つ目は、人にはコミュニティとは無関係のアイデンティティ概念やアイデンティティに関する別の考え方を知る機会はないという主張だ。人の社会的背景は「コミュニティと文化」にしっかりと根づいており、その背景によって論理的思考のパターンも倫理的に可能なことも決定づけられるというものだ。二つ目の論点は、前述の結論を理解力に対する制約に結びつけるのではなく、アイデンティティとはしょせん発見するかどうかの問題であり、コミュニタリアニズムのアイデンティティはなにと比べようとも、つねに最重要のものとして認識されるという主張に帰着する。

まず、理解力に対する厳しい制約についての議論を検討するが、こうした意見は驚くほど強い断定調であるものが多い。なかでも熱烈な主張では、人は自分が帰属するコミュニティで受け入れられているもの以外に、合理的な行動基準を見出すことはできないと言われる。合理性に言及するたびに、「どの合理性か」もしくは「だれの合理性か」と反論されるのだ。また、人の道徳的判断の説明は、帰属するコミュニティの価値観や規範にもとづかなければならないだけでなく、こうした判断はそのような価値観や判断の範囲内でのみ倫理的に評価できるとされる。その結果、複数の規範が人の関心を競って引きつけるのだという主張は否定される。こうした広範囲に及ぶ主張はかたちを変えては喧伝され、強く提唱されてきた。

　このアプローチが及ぼした影響によって、文化や社会を超えた行動や慣習に規範的な判断を下す――それどころか、それを把握することすら――可能性が否定されるようになった。このような考え方はときとして、本格的な文化交流や相互理解の可能性を阻むのにも利用されている。外界と距離を置くこうした方法は、政治的な目的に使われることもある。たとえば、女性の不平等な社会的地位を維持したり、姦通罪で訴えられた女性を四肢切断から石打ちまで、さまざまな慣習的刑罰に処したりするなど、特定の習慣や伝統を守るためにも、そのような方法が利用される。そこには、この広い世界を、知的交流のない小さな島々に分割すべきだという主張がある。

　このような理解力にかかわる主張は間違いなく、十分に検討するに値する。自分が属するコミュニティや文化が、ものごとの見方や判断の仕方に大きな影響を与えるのはまず間違いない。どんな説明を試みる場合でも、地元の知識や地域的な規範、およびそれぞれのコミュニティで共有される固有の見識や価値観には注意を払わなければならない(13)。この認識を裏づける実例も大いに説得力がある。しかし、だからと言って、アイデンティティをめぐる選択と論理的思考の可能性と役割が、どんなかたちであれ否定ないし排除されるものではない。これには少なくとも以下の二つの具体的な理由がある。

第一に、基本となる文化的な態度や信条がわれわれの論理的思考の本質に影響したとしても、その本質をつねに完全に決定するとは限らない。人の論理的思考はさまざまな影響をこうむるものであり、ただ特定の集団に仲間意識を覚えるからとか、その一員であることに影響を受けているという理由だけで、別の方法で論理的に検討する能力を失うとは限らない。影響は完全な決定と同じではないし、たとえ文化的な影響が存在して――いかに重要であって――も、選択の余地はまだ残されているのだ。

第二に、いわゆる文化は必ずしも、われわれの論理的思考を形成する独自に定義された一連の態度や信条をともなっているわけではない。実際に、これらの「文化」の多くは、内部にかなりの多様性が見られ、大まかに定義された文化内部でも、異なった態度や信条が受け入れられているかもしれない。たとえば、インドの伝統は宗教と密接に関連していると解釈されることが多く、事実、いろいろな面でそのとおりなのだが、それでもサンスクリット語やパーリ語には、ギリシア語、ラテン語、ヘブライ語、アラビア語など、どんな古典言語にもまして、多くの無神論や不可知論の文学作品がある。一四世紀にサンスクリット語で書かれた教義集であるサルヴァダルシャナサムグラハ（文字どおりに訳すと「全哲学集」）は一六章から成り、それぞれ宗教問題に関する一六の異なった立場から書かれている（無神論から始まる）。この書の目的は、お互いの立場への無理解を示すことではなく、情報を与えたうえで見識ある選択ができるように計らうことだった。(14)

ものごとを明瞭に考える人の能力は、もちろん、訓練と才能しだいで差が生じるものだが、能力のある成熟した人間なら、機会さえあれば、これまで教えられてきたことに疑問を抱き、反論を試み始めることができる。状況しだいでは、そのような疑問をもつことは歓迎されないかもしれないが、疑いをもち、問いかけるわれわれの能力は手の届かないものではない。

人はなにもない状況で論理的に思考することはできないと、いかにももっともらしい主張がよくなされる。だが、昔からの社会的関係がどうあろうと、そのような関係が反論され、否定されることなく、永久に続かなければならないことをこの主張が示唆しているわけではない。「発見」という観点に代わるものは、どんなアイデンティティからも「妨げられない」立場からの選択(コミュニタリアニズムの論客がときにほのめかすように)ではなく、たとえ「妨げられた」立場にいたとしても存在し続ける選択肢なのである。選択とは、なにもないところからどこかへ飛び出すことではなく、一つの場所から別の場所への移動を導くものなのだ。

## 優先事項と理性

ここで、選択の余地のないアイデンティティを主張するなかの、理解力の制約にもとづく議論とは別の、考えられる根拠を考察することにする。すなわち、「おのれを知る」うえで発見が占める中心的役割といわれるものだ。政治哲学者のマイケル・サンデルは、この主張を(その他のコミュニタリアニズムの主張とともに）次のように明確に説いている。「コミュニティは、人びとがその一員としてなにをもっているかだけでなく、彼ら自身がなにであるかをも説明する。それは彼らが選んだ（自発的な付き合いのような）関係ではなく、彼らが発見する愛着であり、単なる属性を超えて、彼らのアイデンティティの構成要素となっている」(15)。

しかし、実際には、人を豊かにするアイデンティティは、自分の居場所を発見することによってしか得られないとは限らない。それは取得し、獲得できるものでもある。バイロン卿がギリシアを去ろうと考え、典型的なイギリス人である彼が心底から共感していた現地の人びとと別れることになったとき、彼にはそれを嘆くだけの理由があった。

アテネの娘よ、別れるまえに
返してくれ、ああ、わが心を返してくれ！

バイロンがギリシア人と分かち合ったアイデンティティは、彼の人生を限りなく豊かにすると同時に、ギリシアの独立闘争を後押しするものでもあった。アイデンティティ発見論を提唱する人びとが考えるほど、われわれは自分が置かれた場所や帰属関係に閉じ込められているのではない。

おそらく発見論を疑問視する最大の理由は、われわれには与えられた場所においてすら、自己を認識するさまざまな方法があるということだろう。あるコミュニティへの帰属心は、多くの場合かなり強いものになるが、それ以外の関係や帰属を消し去る——または凌駕する——とは限らない。このような選択はつねに迫られているものなのだ（実際に選択したことを明言するために、すべての時間を費やしたりはしないだろうが）。

たとえば、カリブの詩人デレック・ウォルコットの詩「アフリカは程遠く」を考えてみよう。この詩は、アフリカ人の血を引く彼の歴史的な背景と、英語という言語、およびそれにともなう文学文化への忠誠心（ウォルコットは非常に強い帰属意識を感じていた）によって別方向へ引っ張られる心情を描くものだ。

どちらへ向けばよいのか、血まで分割されて？
イギリスの支配下で
酔いどれ役人に悪態をついた僕が、どうしてこのアフリカと
愛するイギリスの言葉のあいだで選べようか？
どちらも裏切るのか、彼らが与えてくれたものを返すのか？
どうやってそんな残虐行為に向き合い、冷静でいられようか？
どうやってアフリカに背を向けて、生きられようか？

ウォルコットには、彼の真のアイデンティティを簡単に「発見」することはできない。自分がど

うすべきか、人生におけるさまざまな忠誠心にどのように——どこまで——余地を残すか、彼は決断しなければならないのだ。現実のものであれ想像であれ、われわれは葛藤の問題にとり組まなければならず、食い違う優先事項や分化する一体感への自分の忠誠心がなにを意味するのかを問わなければならない。アフリカへの離れがたい愛着と、英語という言語を愛し、使っている事実（実際、彼は驚くほど美しく英語を使う）のはざまにある葛藤にウォルコットが思いをめぐらせば、そこに人生をいろいろな方向に揺り動かす、より一般的な問題が見えてくるだろう。相反する影響力の存在は、フランスでもアメリカでも、南アフリカやインドやほかのどの国でも現実のものだし、ウォルコットのカリブ海諸国でも明らかに見られる。歴史、文化、言語、政治、職業、家族、仲間など、異なった影響力が及ぼす深刻さは、十分に認識しなければならない。コミュニティだけがひたすら賞賛されるなかでも、それらすべてをかき消すことはできない。

ここで問われているのは、果たしてどちらのアイデンティティを選べるのかではなく（それはばかげた主張となるだろう）、われわれは実際に別のアイデンティティ、または別のアイデンティティの組み合わせを選択できるのかということなのだ。おそらくより重要なことは、われわれが同時にもつさまざまなアイデンティティに優先順位をつけるうえで、十分な自由があるかどうかだろう。[16]前章で論じた例で考えてみると、人に与えられた選択は、たとえばユダヤ人だという認識によって制約を受けるかもしれないが、その人がもつ別のアイデンティティ（たとえば政治信条や国民感覚、人道的な責務、あるいは職業への愛着など）よりも、ユダヤ人というアイデンティティにどれだけの重要性を与えるかについては、やはり決断しなければならない。

ラビンドラナート・タゴールが一世紀前に書いたベンガル語の小説『ゴーラ』には、その名もゴーラという気難しい主人公が登場する。昔ながらのヒンドゥーの習慣や伝統を熱心に守っているために、ゴーラはベンガルの都市部に住む友人たちや家族の多くと異なっている。彼は頑強な宗教的保守派なのだ。だが、タゴールは小説の終わりのほうで、主人公のゴーラを大いに困惑させる。というのも、母親だと思っていた女性から、実は一八五七年に起きた反英暴動の惨劇のなかで、反乱するセポイ〔インド人傭兵〕にアイルランド人の両親を殺されたために、彼がまだ赤ん坊の時分に、インド人一家が養子に迎えたのだと言われるのだ（ゴーラという名前は「色白」を意味する。思うにインド人離れした風貌で注目を浴びたものの、きちんと検査することはなかったのだろう）。ゴーラの過激な保守主義は、タゴールによって一瞬にして打ち砕かれた。伝統主義の寺院はすべて、ゴーラ自身が擁護していた偏狭な保守主義の大義のせいで――「外国生まれ」である――彼に門戸を閉ざしたからだ。

ゴーラが直面したほど根本的な問題ではなかったとしても、われわれも自分自身について多くのことを発見する。しかし、だからと言ってアイデンティティはただ発見すべき問題だと見なすことではない。人が自分について非常に重要なことを発見したとしても、まだ選択すべき問題は残る。ゴーラはヒンドゥー保守主義を擁護し続けるのか（いまでは避けられない距離が開いたが）、自分自身を別の人間として見るのか問わなければならなかった。ゴーラは最終的に、恋人に助けられながら、自らをただの人間として見なすことを選んだ。宗教やカーストや階級や肌の色によって定められることなく、インドに暮らすことにくつろぎを覚える人間として。たとえ重大な発見があっても、重要な選択はしなければならない。人生は単に運命で決まるわけではないのである。

# 第3章　文明による閉じ込め

「文明の衝突」は、九・一一の恐ろしい事件が世界の紛争と不信を急激に増大させるずっと以前から、すでにもてはやされていたテーマだった。だが、あの惨事はたしかに、文明の衝突と呼ばれるものに対する従来からの関心を大幅に増大させる効果があった。実際、有力な評論家の多くが、世界各地で起きている紛争の現状と文明の対立理論のあいだに、直接の関連を探りたくなる誘惑に駆られてきた。サミュエル・ハンチントンの有名な書で力説された文明の衝突論には、多くの関心が寄せられてきているのだ。(1) とりわけ、「西洋」と「イスラム」の文明間における衝突論はしばしば引き合いに出されている。

文明の衝突論には、二つの明確な問題がある。一つは、おそらくより根本的なもので、人類を「帰属する」文明ごとに分類することが果たして可能なのかどうかという、その意義に関連するものだ。この疑問は、こうして文明の枠内に分類された人びとがなぜか対立する、つまり彼らが属する文明はお互いに敵対しているはずだ、という見解の問題点を問う以前から生じる。文明の衝突論の根底には、人間はそもそもどれか一つの文明に帰属するものとして見なせるはずだという、もっと一般的な考えがある。このような還元主義的な見方では、世界の異なる人間同士の関係は、各人が帰属するとされるそれぞれの文明間の関係として見られる。

第1章で論じたように、人をもっぱら一つの文明の一員として見ること（たとえば、ハンチントンの分類によれば、「西洋世界」、「イスラム世界」、「ヒンドゥー世界」、「仏教世界」の一員として）が、すでに人びとをこの一つの次元に矮小化している。したがって、衝突論の欠陥は、異なった文明同士（世界の人口はそれぞれの文明間にうまく配分されている）が必然的に——少なくとも一般論として——衝突するのかどうかを問うはるか以前にあるのだ。その問いは、この限定的な方法で探究した場合であれば、それにどんな答えを出したところで、われわれは暗黙のうちに、世界の人びとを分類するどんな方法にも増して、一つの分類法の独自とされる重要性に、多くの信憑性を与えることになる。

それどころか、「文明の衝突」論に反対する人が、世界の人びとを単一基準で分類する方法を受け入れ始めれば、彼らもまたその知的根拠を与えることになる。もちろん、それぞれの文明圏に帰属する人びとの心の底にある善意の温かい信条は、文明間にただ紛争と対立だけを見る冷たい悲観主義とはまったく異なっている。だが、どちらの考え方も、世界の人びとはそれぞれが帰属する文明という観点から特徴を理解できるという、同じ還元主義的な信念にもとづいている。世界は文明の枠のなかに分割されているという閉鎖的な見方が、いずれの理論でも——温かい見方でも冷たい見方でも——共有されているのだ。

たとえば、イスラム文明圏の人びとの文化は好戦的だという、おおざっぱで意地の悪い一般論に反論する場合、彼らは実際には善意にあふれる平和な文化を共有しているのだと主張することが通例となっている。だが、これでは一つの固定観念を別の固定観念に置き換えたにすぎないばかりか、宗教によってたまたまムスリムである人びとが別の側面でも基本的に似たもの同士になるという仮定を、暗黙のうちに受け入れていることになる。文明による分類をそれぞれ異なる分離した単位として定義することの困難はさておき（これについてはこの先で詳述する）、このように分類することで両者の議論はともに、人びとを排他的に、もしくは基本的に、帰属する宗教にもとづく文明という観点から見ることが人間を理解するためのよい方法だという仮定を、信じてしまっているのである。文明による分割は、社会分析に広くはびこっている現象であり、それによって人びとを見る別の――より豊かな――方法が抹殺されている。この手法は、声高に主張される文明の衝突に行き着く以前から、世界中のほぼすべての人びとを誤解する基礎を築いている。

## 単一基準の視点と見せかけの深さ

文明同士の衝突が紛争に関するきわめて壮大な理論だとすれば、今日、世界のさまざまな場所でわれわれが目にする紛争や多数の残虐行為を、文化やアイデンティティの違いに結びつける、小規模ながら影響力のある主張も存在する。ハンチントン流の世界観のように、世界の人びとを対峙するいくつかの文明という巨大枠でものものしく分割する代わりに、小埋論のほうは、異なった文化や独自の歴史をもち衝突しあう〔より小規模な〕集団に分割された存在として各地の人びとを見なしている。そのためお互いの反目がほぼ「自然」発生的に生じやすい、という見方をする。こうしてたとえば、フツ族とツチ族、セルビア人とアルバニア人、タミル人とシンハラ人のあいだの紛争などは、高尚な歴史的見地から再解釈され、現代のつまらない政治問題などよりも、はるかに遠大な意味をもつ抗争として見られるようになった。

現代の紛争を十分に分析するには、いまの時代の出来事や陰謀を調べなければならないが、このような理論では大昔からの確執として再解釈され、今日の役者は先祖代々から続く劇とされるもののなかで宿命的な役割を演じていることになる。その結果、現代の紛争に関する「文明的」な解釈（大理論であれ小理論であれ）が大きな知的障壁となり、支配的な政治問題により専念し、暴力を引き起こす現代の誘因の力関係やプロセスを解明するのを妨げている。

いかめしい文明論的手法がこれほど人びとの心をつかむ理由は、想像にかたくない。それによって豊かな歴史や、文化分析による見かけの深みや重みが思い起こされ、「いまここで」起きている――普通で凡庸とされる――出来事の差し迫った政治分析にはないかたちで、突っ込んだ探究がなされるからだ。私が文明論的手法を批判しているのだとしても、それはその知的な誘惑を認めないためではない。

実際、五〇年前にケンブリッジ大学の学生として初めてインドからイギリスにやってきた直後の、ある出来事が思い出される。洞察力のある政治分析をすることですでに有名だった親切な同級生が、封切られたばかりの映画『裏窓』に連れていってくれたときのことだ。映画のなかで、ジェームズ・スチュアート演ずる足の不自由な抜け目のない写真家は、ひどく不審に思われる出来事が向かいの家で起きているのを目撃する。ジェームズ・スチュアート同様、世間知らずだった私も、裏窓から見えるそのアパートでは残酷な殺人が行われたのだと確信した。

ところが、この理論家の友人は私に（周囲の観客から静かにしろ、と押し殺した抗議の声が聞こえるなかで）、殺人などまったく起きていなかった、そう断言できる、と説明したのだ。まもなく、映画そのものがほかの人びとの行動に疑惑の目を光らせることを奨励する、アメリカのマッカーシズム〔赤狩り〕に対する真摯な批判なのだと、私は教わることになった。「これは、アメリカで盛んになってきている詮索文化に対する断固たる批判なんだよ」と、彼は第三世界からきた新入生の私に諭した。そのような批判が込められているなら、かなり深遠な映画が制作できることは容易に理解できたが、それがはたしていま観ているこの映画なのだろうかと、私は疑問を抱き続けていた。そのあと、私に西洋文化の手ほどきをしようとして失望しているこの友人に、濃いコーヒーをいれてやり、殺人者がありきたりに当然の罰を受ける表層的でちっぽけな世界に、彼を甘んじさせなければならなかったことを覚えている。同様に問いかけなければならないことは、われわれが暮らすこの世の中で、実際に目の当たりにしているのは壮大な文明の衝突なのか、それとも、もっと平凡なものでありながら、深さや深遠さの追求にやっきになる人には文明の衝突らしく見えるだけなのか、ということだ。

だが、文明論的な分析で深さが求められるのは、高度な学問的分析に限られているわけではない。ある意味では、文明論的な分析は学問とはあまり関係のない集団内で広まっている一般的な認識を反映し、増幅させているのだとも言える。たとえば、「西洋」の価値観を「その他の人びと」が信じるものと対比させる手法は、公共の議論のなかではかなり日常的に見られ、いつもタブロイド紙の見出しを飾っているし、政治的なレトリックや移民に対する反対演説にもよく見られる。九・一一の事件後には、ムスリムに関する紋切り型の見解が、そうした問題についてとくに専門家ではないと思われる人の口からも、やたらに語られていた。文明の衝突論は、稚拙な俗説に、洗練されたように見える根拠をしばしば提供してきたのだ。磨かれた理論は、単純化された偏見を助長しうるのである。

## 文明論的な説明の二つの問題点

それでは、文明ごとの分類をもとに現代の世界に生じる出来事を説明した場合、なにが問題なのだろうか？　おそらく、最も基本的な難点は、第1章で論じたとおり、単一基準の幻想をことさら野心的に利用しているところにあるのだろう。これに、さらに二つ目の問題点も加わる。世界の文明の特徴づけがおおざっぱであり、過去および現在の実証分析から示される傾向以上に、それぞれの文明がより同質で、外部からはるかに隔離されたものとして把握されていることである。

単一基準の幻想は、人が多くの帰属関係をもつ個人として、もしくは多くの異なった集団に属する人間として考えられておらず、単に特定の集合体の一員としてのみ見られていて、その集合体が唯一重要なアイデンティティを付与している、という仮定から成り立っている。単一基準の分類方法に暗に卓越した力を認めることは、現状を説明して予測を立てるにはおおざっぱな手法となるだけでなく、かたちとしても、それが意味するものにおいても、ひどく対立を生みやすいものになる。世界の人びとをただ敵対するものとする見方は、「人間みな似たもの同士」という昔からある考えに反するばかりか、人間は多様な面で異なっているという、情報にもとづいた重要な理解にも反している。われわれの相違点は、一つの次元だけに見られるわけではない。

人はだれしも、同時に異なった重要な集団に帰属し、それに関連する多くの異なったアイデンティティをもちうるし、実際にもっているという認識は、一部の人にはかなり難解な考え方であるようだ。しかし、前章で論じたように、このことはごく当たり前の基本的な認識なのだ。日常生活では、われわれは自分をさまざまな集団の一員として見ているし、そのすべてに所属している。ある人が女性であることは、その人がヴェジタリアンであることと矛盾しないし、ヴェジタリアンだからといって弁護士であることに差し障りもないし、弁護士にもジャズ愛好家にもなれれば、同性愛者の権利を擁護することも問題ない（こうしたことがなんら矛盾することはない）。そして、その人が所属するこれらの集合体それぞれが、潜在的なアイデンティティを与え、それらは――状況しだいで――かなり重要なものになりうるのだ。

おおざっぱな単一基準の分類が、人びとの対立をあおることと密接にかかわりがある点はすでに論じたが、この先の章においても引き続き議論していきたい。世界の人びとを文明で区分けし、単一基準で理解しようと試みることの概念的な弱点は、人類共通の人間性に反するだけでなく、だれもがもつさまざまなアイデンティティをも軽視することになる。こうしたアイデンティティは、硬直した一本の分断線に沿ってわれわれを対立させるものではない。誤った説明と誤った概念は、世界を必要以上に脆弱なものに変えうるのだ。

文明論的な手法は、単一基準の分類という仮定に無理なかたちで依存しているうえに、分類されたそれぞれの文明内の多様性を無視し、異なった文明間にある幅広い交流をも見逃しやすい。この手法の説明内容のお粗末さは、単一基準に頼る欠点にも勝るものがある。

## インドをヒンドゥー文明として見なすことについて

この分類法で私自身の国であるインドがどのように扱われているかを検討することによって、問題点を明らかにしてみよう(2)。「文明の衝突」というハンチントンの解説では、インドを「ヒンドゥー文明」として紹介することは、インドには世界のどこにもまして多くのイスラム教徒がいて、例外はインドネシアと僅差のパキスタンのみ、という事実を軽視せざるを得ないということである。

インドは恣意的に定義された「イスラム世界」には含まれないかもしれないが、それでもインドには（一億四五〇〇万人のイスラム教徒がいて、これはイギリスとフランスの全人口を合算したよりも多い）ハンチントンの定義による「イスラム世界」のほぼどの国よりも、はるかに多くのイスラム教徒がいることには変わりない。また、現代のインドの文明を、この国の歴史においてムスリムが果たした主要な役割を考慮せずに考えることもできない。

実際、インドの美術、文学、音楽、映画、料理の本質や領域を理解しようとするなら、ヒンドゥーとムスリムの双方が完全に混ざり合って入ってきた幅広い貢献を考慮しなければ、かなり無駄な試みとなるだろう。(3) また、日々の生活や文化的な活動における交流は、コミュニティ間の境界線に沿って分断されているのでもない。たとえば、シタールの名奏者ラヴィ・シャンカールのスタイルと、サロード〔シタールに似た北インドの弦楽器〕の優れた演奏家アリ・アクバル・カーンのスタイルを、インド古典音楽のさまざまな形態におけるそれぞれの熟練度を基準に比較することはできるが、両者をそれぞれ「ヒンドゥーの音楽家」とか、「ムスリムの音楽家」として特別視することは決してないだろう（シャンカールはたまたまヒンドゥーであり、カーンはムスリムではあるが）。同じことが文化的活動に関する他の分野にも当てはまる。ボリウッド——インドの大衆文化の一大分野——もその一つであり、このインド映画界には主要な俳優の多くだけでなく監督にもムスリムの家系出身者が（ムスリム以外の人びとともに）いるが、彼らはたまたま八割以上がヒンドゥー教徒という国民から大いに愛されている。

しかも、インドではムスリムだけがヒンドゥー以外の集団であるわけでもない。シク教徒も大きな存在感を示しているし、ジャイナ教徒も同様だ。インドは仏教が生まれた地であるだけでなく、仏教は一〇〇〇年以上にわたってインドの支配的な宗教だったのであり、中国人はよくインドのことを「仏教王国」と呼んでいた。不可知論や無神論の学派――チャールヴァーカやローカーヤタ――は、少なくとも紀元前六世紀から今日まで、インドで勢力を持ち続けている。インドには四世紀から、キリスト教徒の大きなコミュニティもあり、これはイギリスにまとまったキリスト教徒のコミュニティが出現するよりも二〇〇〇年前のことだった。ユダヤ人はエルサレム陥落後まもなくインドにやってきた。ゾロアスター教徒がきたのは八世紀のことだ。

インドを「ヒンドゥー文明」として特徴づけたハンチントンの説明には、明らかに多くの問題がある。これは政治的にも論争を招きやすい。党派心の強いヒンドゥー政治家がインドを「ヒンドゥー文明」とする見解を奨励するために支持してきた、極端に歪んだ歴史観と現実の情報操作にも、こうした説明は偽りの信憑性を与えがちだ。ハンチントンは実際、積極的な政治活動をする「ヒンドゥトゥワ」〔ヒンドゥー原理主義〕運動の多くの指導者によく引用されている。インドを「ヒンドゥー文明」とする彼の見方と、ヒンドゥトゥワの政治指導者が固執する「ヒンドゥー式インド観」の推進のあいだに類似性があることを考えれば、これは少しも驚くべきことではない。

偶然にも、二〇〇四年春にインドで行われた総選挙で、ヒンドゥー原理主義の党が率いる連立政権が大敗し、インドの国政が一変した。ムスリムの大統領が国家元首になったのみならず、非宗教的なインド共和国ではいまやシク教徒の首相と、キリスト教徒の与党党首が誕生したのだ（有権者の八〇パーセント以上がヒンドゥー教徒の世界最大の民主主義国としては、まんざらでもない結果である）。しかし、ヒンドゥー原理主義的なインドの概念が新たに推進される危険は、いまなお存在している。ヒンドゥー式インド観を支持する政党の得票数は、全投票数の四分の一をかなり下回っていた（ヒンドゥー人口からすればごくわずか）が、インドを「ヒンドゥー文明」として見る政治的な試みはそうたやすく消えるものではないだろう。宗教を基準に人為的に引いた単一の境界線に沿って、インドを単純化して特徴づけるのは、説明として間違っているだけでなく、政治的にも火種をつくり続けるものになる。

## ■西洋の価値観の独自性とされるものについて

インドをヒンドゥー文明として描くことは稚拙な誤りなのかもしれないが、〔文明の衝突論では〕その他の文明の特徴づけに関しても、なんらかの粗さが見られる。「西洋文明」と呼ばれるものを考えてみよう。実際、この単一基準の境界線に独自の深遠さがあるという信念に従って、「文明の衝突」論者は、寛容性をはるか昔から西洋文明で継承されてきた独自の特徴だと見なしがちだ。それどころか、この寛容性こそが、文明の衝突とされるものを実証する価値観の衝突の重要な側面だと考えられている。「西洋は近代化するずっと以前から西洋だった」と、ハンチントンは主張する。(4)

彼は個人主義の意識と個人の権利の伝統、および自由（「社会的多元主義」などその他の独自とされる特徴とともに）に言及する。

このように、文明による区分に注目する見方は、近年ますます一般的になっているが、実際には言われるほど西洋の伝統的な文化分析にもとづいていないことも少なくない。たとえば、オスヴァルト・シュペングラーも名著『西洋の没落』において、西洋文化をその他の——非常に異なる——文化が集まった世界のなかで特徴づけているが、そこにはそれぞれの文化内に異質なものが見られ、異文化間にも類似性があることを認める余地が明示されていた。それどころか、シュペングラーはこうも述べている。「ソクラテスやエピクロス、そしてとりわけディオゲネスがガンジス川のほとりに座っていてもまったく不思議ではないが、ディオゲネスが西洋の巨大都市にいたとすれば、無用な愚か者扱いされただろう(5)」。

実際、ハンチントンの主張は、現実に照らし合わせれば非常に支持しがたいものである。寛容性と自由は、たしかに近代のヨーロッパが成し遂げた重要な功績である（ナチスドイツや、アジア、アフリカにおけるイギリス、フランス、ポルトガルなどの不寛容な統治のような逸脱した例を除いて）。しかし、そこに——何千年もの歳月をさかのぼって——歴史的に分断された一本の線を引くのはかなり非現実的だ。政治的な自由と宗教に対する寛容性が完全に今日のようなかたちで支持されるようになったのは、世界のどこの国でも、どんな文明でも、そう古いことではない。プラトンもトマス・アクィナスも孔子と変わらず、専制的な考え方をしていた。これはなにも、ヨーロッパの古典的思想に寛容の思想を説いた優れた先達がいたことを否定するものではないが、たとえそのことが西洋全体（古代ギリシア・ローマからヴァイキングや東ゴート人まで）の信頼を高めることになったとしても、ほかの文化圏にも同様の例はある。

たとえば、紀元前三世紀にインドのアショーカ王が宗教などに対する寛容性を熱心に支持したこと（「ほかの人びとの宗派も、なんらかの理由でみな敬意を払うに値する」と主張して）は、間違いなく世界に先駆けて寛容性を政治的に擁護した例の一つである。最近のボリウッド映画『アショーカ王』（監督は偶然にもムスリム）は、細部にいたるまで正確かどうかは定かではないが（なにしろ、ボリウッド好みの歌にロマンスに、肌をあらわにした踊りが多分に盛り込まれていたので）、二三〇〇年前にアショーカ王が世俗主義や寛容性の思想をもっていたことの重要性や、今日のインドでもそれが受け継がれていることは正しく強調している。のちのムガル帝国のアクバル帝が一五九〇年代以降にアーグラで、宗教に関する寛容性について同様の布告を発しているころ（たとえば、「何人も宗教を理由に干渉されてはならず、いかなる人も自らの好む宗教の信仰が許されるべきである」）、ヨーロッパでは異端審問が盛んになっており、異端者はまだ火あぶりの刑に処せられていた。

## ▒民主主義の世界的なルーツ

同様に、民主主義もきわめて西洋的な考え方であり、非西洋世界には無縁のものであるとしばしば考えられている。そのような文明を単純化した考えは、近年、アメリカが率いる連合軍がイラクに民主主義政府を樹立しようとして困難を味わったこともあって勢いづいている。しかし、武力介入後のイラクがくぐり抜けた困難の原因が、性急に決定され、情報も考慮も不足したまま実行された武力介入の異常さによるものだとするのではなく、そもそも民主主義はイラクや中東や非西洋の文化にはそぐわないといった想像による見解にその理由を求めるのだとすれば、実に的外れなことになる。このような考えは、今日、われわれが中東やほかの地域で直面する問題を理解しようとするには、まったく誤った方法であると私は主張したい。

欧米諸国がイラクにしろ、その他の国にしろ、はたして民主主義を「押しつける」ことができるのかという疑問はよく発せられる。しかし、その疑問をそのような形式で――「押しつけ」という考え方に重点を置いて――呈することが、民主主義は西洋のものだという所有概念をにおわせており、それが西洋にのみ由来し栄えた、本質的に「西洋」の考えだと認めることになる。これは民主主義の歴史や将来の可能性を理解するうえでは、完全に誤解を招くものとなる。

もちろん、近代の民主主義と公共の場における論理的思考の概念が、過去数世紀にわたる欧米の分析や経験に深く影響を受けていることは間違いないだろう。なかでも、ヨーロッパの啓蒙思想（コンドルセ侯爵、ジェームズ・マディソン、アレクシス・ド・トクヴィル、ジョン・スチュアート・ミルのような民主主義の理論家の貢献など）の知的影響力は大きかった。しかし、このような比較的近代の経験からさかのぼって推定し、西洋と非西洋のあいだに長期にわたる根源的な相違があったとすれば、かなり奇妙な歴史となるだろう。

短期的な経験をもとに長期的な過去を再定義するまことしやかな歴史観とは対照的に、別の――歴史学的にはより野心的な――古代ギリシアにとくに焦点を当てる論理の道筋もある。民主主義の本質が「西洋的」だとする考え方は、古代ギリシアの投票と選挙の習慣、それもとくにアテネの習慣からの連想である場合が多い。古代ギリシアの先駆的な試みは実に偉大なものだったが、古代ギリシアから民主主義の本質が「西洋」もしくは「ヨーロッパ」のものだとする理論に飛躍すれば、少なくとも三つの別個の理由から混乱を招き、困惑させられるものになる。

第一に、文明をおもに人種という観点から定義することは、恣意的な分類になる。このように文明を分類すれば、たとえばゴート族と西ゴート族の子孫をギリシアの伝統の正統な継承者として見なすことに、大きな問題はなくなる（「彼らはみなヨーロッパ人だ」と言われるのだ）。ところが、ギリシアの東や南にあったほかの古代文明と、ギリシア人のあいだに知的な関連があったことはなかなか認めたがらなくなる。古代ギリシア人自身は古代のイラン（ペルシア）、インド、エジプトの人びとと対話することに（古代東ゴート族と交流するよりも）大いに関心をもっていたのだが。

第二の問題は、古代ギリシアの経験の探究に関するものだ。アテネは明らかにほかに先駆けて投票制を始めたが、その後の数世紀のあいだに同様の投票制を導入した地域政府はほかにもたくさん存在した。したがって、ギリシアが選挙による統治で経験したことが、ギリシアやローマの西にある国々、つまりいまのフランスやドイツ、イギリスなどに多くの直接的な影響を与えたことを示す根拠はない。逆に、同時代のアジア――イラン、バクトリア、インド――の都市では、アテネ式の民主主義が開花したのちの時代に、市政に民主主義的な要素を取り入れた事例もある。たとえば、イラン南西部にあるスーサ（〔旧約聖書の〕シューシャン）には何世紀ものあいだ、選挙による評議会、市民集会、および評議会によって推挙され集会によって選出された行政長官が存在した。

第三に、民主主義とは単に投票のみではなく、公共の場における熟議と論理的思考ができるかどうかでもあり、古い言い方をすれば、「討論による統治」とよく呼ばれるものが成り立つか否かなのである。古代ギリシアでは公共の論理が花開いたが、ほかの古代文明においても、それはときに目覚しい発展を遂げることがあった。たとえば、異なった見解間の論争を解決するためにとくに開かれた、最も古い公開の一般集会の一つに、インドで開かれたいわゆる結集《けつじゅう》と呼ばれる仏教会議がある。ここではさまざまな見解の信奉者たちが集まり、相違点を論じた。紀元前三世紀に、当時のインドの首都だったパータリプトラ（現在のパトナ）で第三回――および最大の――結集を開いた前述のアショーカ王も、公共の議論のためのルールを制定したきわめて初期の例（一九世紀の「ロバート議事規則」の古代版のようなもの）を成文化し、広めることに努めた。

公共の議論の伝統は世界中で見られる。別の歴史的事例をあげると、七世紀前半の日本では、推古天皇の摂政だった聖徳太子が六〇四年に発布された一七条憲法のなかで、こう主張している。「それ事は独り断《さだ》むべからず。かならず衆《もろもろ》とともに論《あげつら》うべし」。これなどは実に、一三世紀に調印された大憲章《マグナ・カルタ》よりも六〇〇年前のことである。この日本の一七条憲法は、複数の論理的思考がどれほど重要であるかも続けて説明している。「人の違うことを怒らざれ。人みな心あり。心おのおの執《と》るところあり。彼是《ぜ》とすれば、則ちわれは非とす。われ是とすれば、則ち彼は非とす[6]」。当然のことながら、七世紀のこの憲法に日本の「民主主義に向けて徐々に歩みはじめた第一歩」があったと考える評論家もいる[7]。

世界にはいたるところに公共の議論の長い歴史がある。あの大征服者のアレクサンドロス大王ですら、紀元前三二五年にインド北西部に遠征したときに、民衆からの批判の典型例にぶつかることになった。アレクサンドロス大王がジャイナ教徒の哲学者の一団に、なぜ大征服者になんの関心も示さないのかと尋ねたところ（アレクサンドロスはインドの哲学者たちが彼に無関心であることに明らかに失望していた）、次のような力強い答えが返ってきた。

> アレクサンドロス王よ、人間はだれしも、いまこうして立っている地球の表面しか所有することができません。あなたもまた、われわれと同じ人間にすぎないのです。しかるに、あなたはいつも忙しく動き回ってよからぬことをたくらみ、故郷を遠く離れて旅を続け、あなた自身にも、ほかの人びとにも迷惑をかけているのです！……あなたもじきにこの世を去るでしょうし、そうなれば、わずかに埋葬に必要な土地だけがあなたのものなのです[8]。

中東史やムスリムの歴史をひもとけば、公共の議論や対話を通じた政治参加にまつわる数多くの史実を見出すことができる。カイロやバグダッド、イスタンブールを中心に栄えたムスリムの王国や、イラン、インド、あるいはそれに関して言えばスペインのムスリム王国でも、公共の議論を擁護した人びとは大勢いる（一〇世紀コルドバのアブド・アッラフマーン三世や、一六世紀インドのアクバル帝など）。この問題については、次章でムスリム史が体系的に誤解されている問題について論じる際に、再びとりあげることにする。そのような誤解は、宗教的原理主義者にも、西洋の文化を単純化させる人びとのあいだにも顕著に見られる。

西洋世界は民主主義思想の所有権をもっているわけではない。近代の民主主義制度はどこにおいても比較的新しいものであるし、国民参加や公共の論理という形態による民主主義の歴史は、世界各地に見られる。アレクシス・ド・トクヴィルは一八三五年に民主主義に関する古典的著作のなかで、アメリカで彼が見た「大民主主義革命」は、ある視点から見れば「新しいもの」だが、視野を広げれば、「歴史に知られるなかで最も継続的で、古くからあり、永続的な傾向」とも見なせると述べている。[9] トクヴィルは歴史的な事例をヨーロッパの過去に限定していたが（たとえば、「七〇〇年前のフランス国」で庶民が聖職者階級になるのが容認されて、民主化に大きく貢献したことなど）、彼の一般的な議論はきわめて幅広い意味のあるものだ。

ネルソン・マンデラは『自由への長い道』という自伝のなかで、少年時代にアフリカの故郷の町で開かれた地元の集会の進行方法に、民主主義の本質を見たことによって、いかに影響されたかを描いている。
発言したい人はだれもが話をした。それは最も純粋なかたちの民主主義だった。発言者のなかには、重要な人物もいれば、そうでない人もいたかもしれないが、どの人の発言も首長であれ家来であれ、戦士であれ呪医であれ、商人であれ農民であれ、地主であれ労働者であれ、みな耳を傾けてもらえた。(10)

マンデラによる民主主義の探求は、西洋による「押しつけ」から生じたものではない。それは明らかに彼のアフリカの故郷に端を発したものだ。彼はそれを「ヨーロッパ人」（アパルトヘイト時代の南アフリカの白人支配者は、自らをそう呼んでいたのが思いだされる）に「押しつける」ために闘ってはいたが。マンデラの最終的な勝利は人類が勝ちとったものであり、とくにヨーロッパの思想の勝利だったわけではない。

## 西洋科学と人類の歴史

いわゆる西洋科学が、いかに世界の遺産に依拠しているかを知ることもまた重要である。西洋の数学と科学は知的関係の連鎖によって、まぎれもなく西洋以外の多様な実践者と結びついていた。

たとえば、西暦最初の数百年間にインドで発展した十進法は、一〇世紀の終わりごろアラブ人を介してヨーロッパへ伝わった。さまざまな非西洋社会——中国、アラブ、イラン、インドなど——が輩出した多くの貢献者が、ヨーロッパのルネサンス時代や、のちの啓蒙主義の時代に主要な役割を果たすことになる、科学、数学、哲学に影響を及ぼした。

　世界における科学と産業技術の開花は、西洋だけが主導した現象だったわけではない。それどころか、ヨーロッパの遠隔地でも幅広い国際交流が行われるなど、世界的な大前進も起きていた。たとえば、フランシス・ベーコンが「世界中の事物の様相と状態を変えた」発明の一つにあげた印刷技術を考えてみよう。西暦最初の一〇〇〇年間に発展した印刷技術の初期の試みはいずれも、ヨーロッパとは遠く離れた地域の出来事だった。そうした発展はまた、仏教徒の知識人が大衆に書物を広め、布教しようとした熱心な活動とおおむね結びついており、実際、中国、韓国、日本における初期の印刷の試みはいずれも、仏教徒の技術者によるものだった。七世紀に印刷技術を発展させようとしたインドの仏教徒は、この点ではあまり成功しなかったが、印刷された世界最古の書物の中身には彼らも貢献した。それはサンスクリットの仏教古典（ヴァジュラッチェーディカー・プラジュニャーパーラーミター）で、般に金剛経《こんごうきょう》として知られており、西暦四〇二年にインド人とテュルク人の混血の学者によってサンスクリットから中国語に翻訳されたものだ。八六八年に中国語で印刷されたとき、「全世界に無料で配布される」ために印刷されたと、その動機を表した序文が付されていた。(11)

過去数世紀のあいだにヨーロッパやアメリカで思想や知識が莫大な進歩を遂げたことを十分に認めるべきだ、と主張するのは正しい。ルネサンスや啓蒙主義、産業革命の時代に西洋の世界で起こり、人類の文明の本質を変えた主要な功績については、西洋は高く評価されてしかるべきだ。しかし、こうしたことすべてが、輝かしい孤立のなかで発展する、完全に隔離された「西洋文明」の開花の産物だと想定すれば、はなはだしい幻想となるだろう。

想像上の孤立を称えれば、多くの学問や思考が、世界の異なった地域における発展を利用しながら進歩を遂げてきた事実を正当に評価していないことになる。この数百年間に西洋で育まれた思想と知識は、同時代の世界を劇的に変化させてきたが、それらすべてがまぎれもなく西洋の概念だと見なすことは難しいだろう。

## おざなりな抽象化と不透明な歴史

文明による区分に頼ることには、少なくとも二つの別々の理由から甚大な欠陥がある。第一に、文明による区分だけが唯一妥当であり、人びとを識別するそれ以外の方法は駆逐されるべきだという考え方が暗に仮定されており、基本的な方法論上の問題がある。国際的な対立や地域の派閥抗争を扇動する首謀者が、政治的な残虐行為の「歩兵」として募った人びとに、対立をあおるためにあらかじめ選んだ単一のアイデンティティを押しつけようとするだけでも、さして驚くことではないが、十分に悪い。だが、欧米で培養された単一基準の世界観から、反西洋を掲げる戦闘的な原理主義者が暗黙の支持を得ることで、このような視野の狭い見方がいちじるしく助長されるのは、実に残念なことだ。

この手法で使用される文明論的な区分の二つ目の問題は、それがきわめて稚拙な説明と歴史に対する無知にもとづいている点だ。それぞれの文明内部に顕著に見られる多様性の多くは、事実上ないがしろにされ、文明間の交流もあらかた見過ごされている。

このような二つの欠陥のせいで、異なった文明および、その相互の類似点やつながりに関する理解が大きく損なわれており、また科学や産業技術、数学、文学、貿易、通商、そして政治、経済、社会の思想といった各方面における相互依存の歴史も正しく認識されていない。世界史への無理解は、西洋文明をきわめて狭く解釈することなど、多様な文化に対して実にせせまい世界観を生みだすのである。

# 第4章　宗教的帰属とイスラム教徒の歴史

近年の文明の衝突論は、文化の違いを表す重要な特徴として、宗教的な差異に大きく依存しがちである。そこには人間をただ一つの帰属集団という観点からとらえることの概念上の欠陥や、おおむね別々の存在として考えられてきた文明間にも、きわめて重要な相互関係があるのを見逃すという歴史学上の過ちがある（どちらの問題も前章で論じた）。だが、このような文明論はさらに、ほとんどの国では国民が一つの同じ宗教を信仰していることはないし、文明のなかではなおさら多様になるという事実もまた見過ごしている。この三つ目の問題もかなり大きなものになりうる。なにしろ、同じ宗教を信仰する人びとは往々にして、国境を越えて分布しているし、異なる大陸に分かれていることもあるからだ。たとえば、前述したように、サミュエル・ハンチントンによればインドは「ヒンドゥー文明」ということになるが、一億五〇〇〇万人に近いイスラム教徒を抱えるインドは、世界の三大ムスリム国の一つでもある。宗教による分類で国や文明を分類しようとしても、簡単には当てはまらないのである。

この三つ目の問題を克服するには、（ハンチントンが「イスラム文明」や「ヒンドゥー文明」と分類したように）人びとを宗教にもとづく文明という不連続の枠で括るのではなく、宗教ごとのグループ分けからじかに分類すればよいだろう。それなら問題の少ない整理された分類になるので、この方法が多くの人に受け入れられてきたのは当然である。人びとを信仰する宗教からとらえることは、たしかに近年の文化分析ではかなり一般的になっている。となると、宗教を中心に世界の人びとを分析することが、人類を理解するうえで役立つ方法となるのだろうか？

そうはならない、というのが私の主張である。宗教ごとに分類すれば、文明ごとに世界の人びとを分けるよりは整合性のあるものになるかもしれないが、これもまた人間を一つの帰属関係から、つまり宗教という観点からのみ見ようとする同じ過ちを犯している。多くの場合、そのような分類はそれなりに役に立つ（たとえば、宗教上の祭日を決めたり、礼拝所の安全を確保したりするのに）が、一般に社会、政治、文化を分析する際に、宗教による分類を最も重要な根拠とすれば、個人がもちうるあらゆる関係や忠誠心を見過ごすことになる。人の行動やアイデンティティ、自己認識において、こうした多様な関係は深い意義をもつかもしれないのだ。人びとの複数のアイデンティティと優先事項の選択を重視する必要性は、文明による分類の代わりに宗教にもとづく直接の分類を利用しても、やはり残るのである。

実際、世界の人びとを分類する主要な――ないしは唯一の――原則として、宗教的アイデンティティを利用することがますます一般的になっており、それが社会分析を信用ならないものに変えてきた。とりわけ、いちじるしく理解を欠くようになっているのは、①たまたまムスリムである人がもつさまざまな帰属関係と忠誠心と、②イスラム教徒としての特定のアイデンティティ、の違いである。イスラム教徒としてのアイデンティティは、人が重要だと（おそらく不可欠とすら）見なすアイデンティティの一つかもしれない。しかし、だからと言って必ずしもそれ以外の意義のあるアイデンティティを否定するものではない。通常「イスラム世界」と呼ばれるところには、もちろんムスリムが圧倒的多数いるが、ムスリムであってもそれぞれの人は、たとえば政治・社会的価値観、経済面や文学面の追求、職業や思想に関連した活動、欧米への態度など、その他の側面においては大きく異なることがあり、現に異なっている。彼らの「その他の帰属」に関して引かれた世界の分割線は、まるで異なったものであるかもしれない。宗教的分類に単純に依拠することは、たまたま宗教上ムスリムである人びとが抱く多くの——異なった——関心事を見失うことになる。

この区別は非常に重要であり、イスラム原理主義やイスラム過激派が有力になっている今日の世界においてはなおさらだ。彼らに対する西洋側の敵対心にはしばしば、はっきりと言葉には表さずとも、ムスリムの人びと全般への強い疑念が含まれている。そのような人びとの態度には理解不足が根底にあることは言うまでもない。だが、そのような態度は、ムスリムも政治や社会の信条に関しては一枚岩ではないという、より明白な事実をも見過ごしている。ムスリムはさらに文学や芸術の好みでも、科学や数学への関心においても、信心深さのあり方や度合いにおいてすら十人十色である。現在の政治的な緊迫状況によって、イスラム教内部の宗派（たとえばシーア派とスンナ派の違いなど）に関する欧米の理解はいくらか深まってきているものの、それをさらに超えて、ムスリムにも世界のその他の人びとと同様に多くの非宗教的なアイデンティティがあることを認めたがらない人が増えている。だが、ムスリムでも政治、文化、社会の諸問題に関する考え方や優先順位は千差万別なのである。

## 宗教的アイデンティティと多様な文化

同じ宗教に属するさまざまな人びとの社会的行動は、宗教に密接に関連した分野であっても大きく異なることがある。現代社会でもその事例は簡単に示すことができる。たとえば、サウジアラビアの奥地に住む伝統的な女性と、トルコの都市部の女性（トルコではスカーフをかぶる人は稀で、服装規定もヨーロッパの女性のものと変わらない場合が多い）のありふれた生活習慣を比較してみればわかるだろう。あるいは、バングラデシュで社会的に活動している女性と、同じ国内でもより保守的な集団に属していてあまり出歩かない女性を比べれば、両者ともイスラム教徒ではあっても、習慣に大きな隔たりがあることが見てとれるだろう。

しかし、こうした違いを単に、近代化によってムスリムにもたらされた新たな現象の側面にすぎないと見なしてはいけない。宗教以外の関心事やアイデンティティが及ぼす影響は、ムスリムの人びとの歴史を通じて見ることができるからだ。一四世紀の二人のムスリムの論争を考えてみよう。イブン・バットゥータは一三〇四年にモロッコのタンジェに生まれ、二〇年にわたってアフリカとアジアの各地を旅行した。彼は現在のマリとガーナのあいだにある地域を訪れたとき、そこで見た光景に衝撃を受けた。トンブクトゥからほど近いイーワーラータン〔現ウアラタ〕で、イブン・バットゥータは重要な公職に就いているムスリムの判事《カディ》と親しくなった。イブン・バットゥータはカディの家庭で見た社会的行動に対する不快感をこう記した。

ある日、私はイーワーラータンのカディのもとを訪ね、彼の許可を得てからなかに入り、面前に進み出たところ、なんとも美しく若い女性が同席しているのに気づいた。私はその女性を見てためらい、失礼しようと思ったが、彼女はそんな私を見て笑い、なんら恥ずかしがる様子もなかった。カディは私に言った。「なぜ帰ってしまうのかね？　この女性は私の友人だ」。彼らの振る舞いには驚かされた。(1)

しかし、イブン・バットゥータに衝撃を与えたのは、そのカディ一人だけではなかった。以前にモロッコまで来たことがある敬虔なムスリムのアブ・ムハンマド・ヤンダカン・アルムスーフィーに対しても、彼はとくに批判的だった。アブ・ムハンマドの家を訪ねると、イブン・バットゥータは男女がソファに座って会話をしている現場に出くわした。イブン・バットゥータはこう報告する。

私は彼〔アブ・ムハンマド〕に言った。「この女性はだれかね？」　彼は言った。「女房だ」。私は言った。「あの男性は奥さんとどういう関係にあるのかね?」　彼は答えた。「女房の友人さ」。私は彼に言った。「私の国に暮らして、シャリーアの教えを知ったうえで、このようなことに同意しているのかね?」　彼は答えた。「女性が男性と交友関係をもつのは、われわれには好ましいことだし、善行の一環であり、別になんの疑いもないね。彼女たちは、あなたのお国の女性とは違う」。私は彼のふしだらさに驚いた。彼の家を離れ、二度と戻ることはなかった。彼からは何度か招待されたが、私は断った。(2)

アブ・ムハンマドとイブン・バットゥータの違いは宗教にあったのではなく――どちらもイスラム教徒だった――なにを正しい生活様式とするかについての見解の違いだった点に留意してほしい。

## ムスリムの寛容性と多様性

ここで少し政治的な話をしたい。世界の歴史では、宗教的な寛容性に対するさまざまな態度は社会的にしばしば重要となっており、この点に関しては、イスラム教徒のあいだでも大きな相違が見られる。たとえば、一七世紀後半にインドのムガル帝国の皇位に就いたアウラングゼーブ帝は、どちらかというと不寛容な皇帝だったと一般に見られている。彼は非ムスリムの臣民には特別税を課しさえした。それでも、彼の兄で、シャー・ジャハーン帝の長男（であり正式な後継者）のダーラー・シコーの生涯においては、かなり異なった態度や行動が見られたし、ムムターズ・マハル〔シャー・ジャハーンの皇妃で兄弟の母〕――タージ・マハルは彼女の追悼のために建てられたものだ――についても同様だった。アウラングゼーブはダーラーを殺して帝位に就いた。ダーラーはサンスクリット語を学び、ヒンドゥー教を熱心に研究したばかりか、彼がサンスクリット語からペルシア語に翻訳したヒンドゥー経典『ウパニシャッド』は、一世紀以上にわたり、ヨーロッパ人がヒンドゥーの宗教哲学に関心を寄せるうえで主要な基礎となっていた。

ダーラーとアウラングゼーブの曽祖父にあたるアクバルは、(前述のとおり) 宗教的寛容性を実現するために尽力した人であり、「何人も宗教を理由に干渉されてはならず、いかなる人も自らの好む宗教の信仰が許される」ようにすることを、国是とした。「理性の道」(ラヒ・アクル) と呼ばれるものを追求するなかで、アクバルは一五九〇年代に、開かれた対話と自由な選択の必要性を強調し、主流のムスリムやヒンドゥーの思想家だけでなく、キリスト教徒やユダヤ教徒、ゾロアスター教徒、ジャイナ教徒、さらに無神論者まで含めた討議の場を何度も設けた(3)。ダーラーのほかにも、アウラングゼーブ自身の、やはりアクバルという名の息子が、父親に反旗を翻してラージャスタンのヒンドゥー王国と手を握り、のちにはヒンドゥーのマラータ族による企てにも協力している (アクバルの反乱は結局、アウラングゼーブに鎮圧された)。ラージャスタン側で戦っていたとき、彼はヒンドゥーの友人たちに対する父親の不寛容と中傷に抗議する手紙を書き送った(4)。

ムスリムのあいだにそのような多様性を見ると、ムスリムであることと、イスラム教徒としてのアイデンティティをもつことの違いがわからない人は、こう聞きたくなるだろう。「イスラム教としては、どちらが正しい見解なのだろうか？　イスラム教はそのような寛容性を認めているのか、いないのか？　本当はどちらなのだろうか？」　ここで直面する重要な問題は、この質問に対する正しい答えがなにかということではなく、質問そのものが問うべきものかどうか、ということだ。ムスリムであることは、その人が信じるすべてを決定する、なによりも重要なアイデンティティであるわけではない。たとえば、一六世紀インドのアーグラやデリーにいた影響力のあるムスリム集団のなかでも、アクバル帝の寛容主義と異教を容認する姿勢を支持する人もいれば、反対する人もいた。実際、アクバルはイスラム教聖職者からはかなりの抵抗を受けた。それでも、アクバルが一六〇五年に没したとき、アクバルの寛容な思想の多くを厳しく批判していたイスラム神学者のアブドル・ハクは、アクバル帝は「革新的」であったにもかかわらず、善良なムスリムであり続けたと結論せざるをえなかった(5)。

認識すべき点は、この食い違いを検討する際に、アクバルとアウラングゼーブのどちらが正しいムスリムなのかを決める必要はないということだ。彼らはたとえ同じ政治的態度や社会・文化的アイデンティティを共有していなくても、どちらも申し分のないムスリムでいることができた。同じムスリムでも、ある人は不寛容な見解をもち、別の人は異教にきわめて寛容だったとしても、どちらもその違いのためにムスリムであることをやめる必要はないのだ。これは「イジュティハード」の考え、つまり「クルアーンやスンナを独自に」解釈できるおかげで、イスラム教そのものにかなりの幅があるからだけではない。個々のムスリムには、基本的なイスラムの信仰と矛盾することなく、ほかの価値観や優先事項を決める多くの自由もあるからなのだ。

## 非宗教的な関心事とさまざまな優先事項

今日、アラブ人とユダヤ人のあいだには政治的な不信が見られるが、双方の民族間にはかつてお互いに敬意を払っていた長い歴史があったことも、思い出す必要がある。第1章で述べたように、ユダヤ人哲学者マイモニデスは、不寛容になった一二世紀のヨーロッパからの移住を余儀なくされたとき、アラブ社会のなかに寛容な避難先を見出した。マイモニデスはそこで、ほかでもないサラディン〔サラーフ・アッディーン〕帝に迎えられ、カイロの宮廷で名誉と影響力のある地位を与えられた。サラディンが十字軍を相手にイスラム教のために熾烈な戦いを繰り広げたことを思えば、イスラム教徒としての彼の資格は疑う余地がないだろう（リチャード獅子心王が彼の敵として有名である）。

マイモニデスが経験したことは、実際には例外的なものではなかった。現代社会ではムスリムとユダヤ人のあいだには紛争が絶えないが、アラブ世界や中世スペインのムスリム支配者は、長いあいだユダヤ人を社会に支障なく受け入れ、彼らの自由を——ときには指導的立場も——尊重していた。たとえば、マリア・ロサ・メノカルが著書『寛容の文化』で述べたように、一〇世紀まではムスリム支配下のスペインにあったコルドバ〔後ウマイヤ朝首都〕が、「地上で最も文明的な場所の地位をバグダッド〔アッバース朝の首都〕と互角に競い合い、奪うはどにもなった」のは、カリフ・アブド・アッラフマーン三世とユダヤ人高官のハスダイ・イブン・シャプルトが力を合わせて、建設的な影響力を及ぼしたためだった。(6) 実際、メノカルが論じるように、ムスリム征服後、ユダヤ人の地位はあらゆる面において向上し、迫害されていた状態を脱し、保護された少数民族になった。(7)

宗教や文明にもとづくアイデンティティはとても重要なものかもしれないが、それは数ある帰属関係の一つにすぎない。問わなければならないのは、イスラム教が（あるいはヒンドゥー教やキリスト教が）平和を愛する宗教なのか、闘争的な宗教なのか（「本当はどちらなのか、教えてくれ」）ではなく、信心深いイスラム教徒（あるいはヒンドゥー教徒やキリスト教徒）が、自分の信仰や宗教的慣習を、個人的な別のアイデンティティの特性や、そのほかの責務、価値観など（戦争と平和に関する態度など）とどのように折り合いをつけるのか、なのである。自分の宗教――もしくは文明――への帰属を、あらゆるものに勝るアイデンティティと考えることは、きわめて問題の多い判断となるだろう。

どの宗教の敬虔な信者にも、血気盛んな戦士もいれば平和を愛して止まない人もいるだろう。そこでどちらが「真の信者」で、どちらが「ただの偽者」かを問うことには意味がない。信仰それ自体は、人生において下さなければならないあらゆる決断、たとえば政治や社会の優先事項や、行為や行動に関連する問題を解決するものではないことを、われわれは受け入れるべきだ。平和と寛容を支持する人も、戦争と不寛容を擁護する人も、どちらも同じ宗教に属しながら、（彼らなりに）真の信者であるかもしれないし、そのために矛盾していると見られる必要はない。人の宗教的アイデンティティの領域は、その人の知的理解や帰属関係のあらゆる側面を凌駕するものにはならないのである。

かりにイスラム教徒であることが、たまたまムスリムである人の唯一のアイデンティティだとすれば、その宗教的な自己認識はもちろん、人生のさまざまな場面でその人が直面するその他もろもろの選択についても、多大な重荷を負わなければならないだろう。しかし、イスラム教徒であることは、ムスリムがもっている唯一のアイデンティティにはまずなりえない。実際、複数のアイデンティティの存在を否定しても、アイデンティティの問題で選択を否定しても、驚くほど狭く、間違った方向の見解を生みだしうる。九・一一の事件をめぐって生じた現在の対立によって、ムスリムは分断線のあちこちに置かれてきた。それでも、われわれはイスラム教徒の立場としてはどちらが正しいのかを問うのではなく、ムスリムであっても政治、倫理、社会的判断が求められる問題に関して、いくつかの異なった立場から選択できるのであり、そのためにムスリムであるのをやめる必要もないことを認識しなければいけない。

## 数学、科学、および思想の歴史

九・一一が起きた当日、世界貿易センターで非常に多くのムスリムが死亡した事実をどうとらえるか、さまざまな議論が行われてきた。世界貿易センターに勤務していた人間として、彼らはあの場所を西洋文明の邪悪な表現と明白に見なしていたわけではないだろう。世界貿易センターはもちろん、そのとてつもない高さと先端技術（構造工学の新しい概念であるチューブ構造を利用している）ゆえに、象徴としての重要性はたしかにあったし、西洋の尊大さの表現であると――政治的な敵意に満ちた目で見れば――感じられただろう。そう考えると、チューブ構造の概念を支えていた主要な技術者が、ファズラー・ラーマン・カーンだったことは興味深い。バングラデシュ出身で、シカゴを拠点として活動する彼は、この革新的な技術の基礎を築いたうえに、のちにはシカゴにある一一〇階建てのシアーズ・タワー〔現ウィリスタワー〕と一〇〇階建てのジョン・ハンコック・センターなど、いくつもの高層ビルの設計を手がけたほか、サウジアラビアのジッダにあるハッジ・ターミナルも設計している。偶然ながら、彼は一九七一年にバングラデシュがパキスタンから独立した際の戦争にも従軍し、その戦争に関するたいへん読み進めやすい本をベンガル語で著している。ムスリムが文化や政治面の多くの対立問題で一枚岩ではない事実は、ムスリムであることがすべてに勝るアイデンティティではないことを考えれば、なんら驚くべきことではない。

ムスリムがもたらした多くの知的貢献は、人類の普遍的知識にあなどりがたい影響を及ぼしている。それらが純粋にイスラム教に関連した貢献だったとはとうてい言えないこともまた、認識するべきだ。今日でも、マサチューセッツ工科大学やプリンストン大学、スタンフォード大学などの現代数学者が難しい数式を解くために「アルゴリズム」〔数学問題を解くための手順〕を使えば、知らず知らずのうちに九世紀のアラブの数学者アル・フワーリズミーの貢献を称えることになる。「アルゴリズム」の名称は、彼の名前に由来するものだからだ（「アルジェブラ」〔代数学〕という名称は、彼の著作『アル・ジャブル・ワル・ムカーバラ』にちなむ）。数学、科学、産業技術の歴史における数多くのその他の発展にも、ムスリムの知識人によるものがある。

こうした発展の多くは、一一世紀以降にアラビア語からラテン語への翻訳がかなり普及するようになってからようやく、ヨーロッパに伝わった。ただし、一部の影響はそれ以前にも、スペインのムスリム支配者を通じてヨーロッパに入ってきた。技術革新の一例をあげると、アラブ人とベルベル人双方のイスラム教徒の技術者が、スペインで「アセキヤ」という用水路を使った灌漑技術を普及させるうえで貢献している。これは中東の乾燥地域で古代に導入された革新的な技術を利用したものだ。この技術のおかげで、いまから一〇〇〇年以上前のヨーロッパのそれまでまったく乾燥していた地域でも、穀物や果物、野菜、牧草などの栽培が可能になった。実際、ムスリムの技術者は、はるか昔からこうしたすばらしい技術的な仕事をやり遂げていたのである。(8)

さらに、ムスリムの数学者や科学者は、世界各地にさまざまな考え方を広めることで、技術・知識のグローバル化にも重要な役割を果たしてきた。たとえば、十進法や三角法の初期の成果は、アラブやイラン〔ペルシア〕の数学者の書物を介して、一一世紀ごろインドからヨーロッパへと伝わった。また、インドの数学者アールヤバタ、ヴァラーハミヒラ、ブラーマグプタが五世紀から七世紀のあいだにサンスクリット語で書いた論文をラテン語に翻訳したものは、サンスクリット語からアラビア語へ、それからラテン語へという二つの明確な段階を経て、ヨーロッパに伝わった（この多文化を経由した伝播については、第7章で再びとりあげることにする）。この時代における革新的な思想の担い手として、ムスリムの知識人は科学と数学のグローバル化に大きく貢献していた。そうした伝播の過程に関連した人びとが、イスラム教を信じていようが、ヒンドゥー教やキリスト教であろうが、数学や科学の分野に貢献したこれらのムスリムの大学者たちにとって、さして違いはなかったのである。

同様に、西洋の古典、とりわけ古代ギリシアのものは、アラビア語の翻訳を通じてのみ後世まで残り、ヨーロッパのルネサンスに先駆けて、一一世紀ごろにおもにラテン語に再度翻訳されたものも多かった。アラビア語の翻訳はもともとどう見ても古典を後世に残すためではなく、むしろ九世紀から一〇世紀に勢力を拡大した当時のアラビア語圏で利用するためのものだった。だが、こうした翻訳過程が、各国内だけでなく実際に、世界的にもたらした結果は、当時の世界の思想的指導層の学識の普及と普遍性をもってすれば到達しうる結果と、完全に一致しているのである。

## 複数のアイデンティティと現代の政治

今日、①ムスリムの人びとをイスラム教という視点から排他的に――もしくは優先的に――見ることと、②彼らがもつ多くの帰属関係という幅広い視点からムスリムを理解すること、の相違に注目することが、きわめて重要になっているのにはいくつかの理由がある。ムスリムの多様な帰属意識には、彼らのイスラム教徒としてのアイデンティティも間違いなく含まれるだろうが、それは彼らの科学的関心や職務、文学的活動、あるいは支持政党といったものから生じる責務を必ずしも押しのけるものではない。

第一の理由はもちろん、知識の価値、すなわちいまなにが起きているのかを知ることの重要性である。明確に理解することはそれだけで価値があるだけでなく、思考や行動にも大きな影響を及ぼしうる。たとえば、テロ集団が自分たちのテロ活動はイスラムの教義によって運命づけられているものだと主張し、宗教的な命令を下して勢力範囲を急速に拡大しようとしている場合でも、実際にそのとおりなのか、知識があればわれわれは間違いなく問うことができる。イスラム教徒のアイデンティティと、イスラムの大義と見なすもののために身を捧げるテロリストとしてのアイデンティティの違いを見落としている人びとを支持することは、明らかにとんでもない間違いとなるだろう。この違いを見極めたところで、もちろんイスラムの教義がそのように解釈できるのかどうかを議論する知的な可能性を封じることにはならないが、もしイスラム教徒としてのアイデンティティと、ムスリムがもつ多くのアイデンティティとの違いが完全に見逃されていれば、議論を始めることすらできない。

たまたまイスラム学者である者の多くは、イスラムの教義がテロを求め、許可し、容認さえするという主張は完全に否定するだろう。もっとも、彼らの多くは、これから論ずるように、ある人が自分の義務を異なったかたちで（彼らを批判する人から見れば、誤って）解釈しているとしても、その人がイスラムの核心となる信条と慣習に忠実である限り、ムスリムであり続けるとも主張するだろう。しかし、まず肝心なのは、特定の宗教的アイデンティティの役割と、その宗教を信じる人が（その他いろいろな理由から）選択するだろうさまざまな優先事項を混同しないようにすることなのである。

第二に、宗教の政治化に対する闘いにおいても、両者の区別をすることがきわめて重要だということだ。そうした傾向は、急速に勢力を拡大するイスラム教の政治化によって実証されるだけでなく、その他の政治化が進む宗教の勢いにも見ることができる（「新生《ボーン・アゲイン》」キリスト教や、ユダヤ教過激派、ヒンドゥトゥワ運動など）。慣習に縛られた世界――ときには非常に悪意があり、残酷なものにもなる宗派的慣習――では、信仰をもつことはすなわち、信仰によって「束縛される」必要のない問題を決定する際にも、論理的思考――および思想の自由――の必要性を無視することなのだと、両者を体系的に混同させることで存続している。無益な政治化のプロセスは、対立が深まる世界においてさまざまな度合いで見られ、テロ活動への勧誘をじかに助長するものから、そのような勧誘を受けやすくするものまで、あるいは宗教の名において暴力の許容が奨励されることまで多岐にわたる。

たとえば、インドネシアのイスラム学者シャフィイ・アンワルが強い警戒の念とともに解説した

「インドネシアの忍び寄るシャリーア化」は、宗教的慣習の発展だけでなく、伝統的には寛容だった——豊かな多文化の——国に、とりわけ好戦的な社会・政治的見解が広がっていることも含まれる[9]。同様のことは、その他いくつかの国についても当てはまる。たとえば、マレーシアにはもともと文化的に多様で、政治的に幅のある歴史があるにもかかわらず、イスラムの名のもとで対立的な文化が急速に拡大しつつある。政治的な対立に抵抗するためにも、この根本的な区別は強調されなければならない。なにしろ、宗教的な（この場合はイスラム教の）アイデンティティを利用することは、この種の組織的な紛争の促進において、大きな部分を占めているからだ[10]。

第三に、両者を区別すれば、外部者によってなんらかの宗教の枠内に置かれた国々の内部で起きている事態でも、より十分に理解できるようになるためだ。つまり、いわゆるイスラム世界というように括ることで、現在そこで起きている知的な発展が総合的に説明されるかのように思われている国々内部の状況である。公式にはイスラム国家とされる多くの国でも、政治的な闘争は続いているのであり、信仰面では敬虔なイスラム教徒であっても、活動家の多くはイスラムのアイデンティティからのみ、議論を展開しているわけではないことを認識する必要がある。

パキスタンを例に考えてみよう。パキスタンは明らかにイスラム国家であり、イスラム教を国教とし、そこにはさまざまな政治的な意味合い（たとえば、非ムスリムの人はどれだけ得票しても大統領には選出されないなど）が含まれている。それでも、知識人の活動が盛んなこの国の市民社会には、基本的に——もしくはまるで——宗教とは無関係の多くの責務や活動をする余地が残されている。たとえば、パキスタンには多方面で成果をあげている献身的な人権委員会があり、これはイスラム教徒としての権利だけでなく、より広い意味での人権に訴えかけるものだ。法的権限が認められているインドや南アフリカの人権委員会とは違い、パキスタンの委員会は法的にも憲法上も基盤がない（正式にはＮＧＯにすぎない）。それでも、同委員会はアスマ・ジャハンギールやＩ・Ａ・レーマンといった先見の明のある市民社会の指導者に管理されて、女性やマイノリティなど、脅かされた人びとの自由を守るために大いに奮闘してきた。その条件つきの成功は、パキスタンの民法の適用（過激派の改革で損なわれていない限り）、反体制派市民の勇気と運動、多くの公正な裁判官の高潔心、社会面で進歩的な世論の大きな存在、そして最後に忘れてはならないのは、非人道的あるいは社会良識に反する行為に注意を喚起するメディアの効果にもとづくものである。実際、パキスタンのメディアは、バングラデシュの報道機関と同様、虐待事件をじかに捜査して大々的に報道し、思慮深い世論の関心を人道的な――しばしば非宗教的な――問題に集めることに非常に積極的である。[11]

こう認識したからといって、元駐スリランカ・パキスタン大使フセイン・ハッカニが「パキスタンが抱えるイスラム過激主義問題の深さ」と表現した問題に対処する必要が減るわけではまったくない。ハッカニが説得力をもって示した「パキスタンの原理主義グループが及ぼす過剰な影響力は、そのようなグループを国家が支援している結果」だという分析や、「イスラム主義や軍国主義のイデオロギーに支配された環境は、過激派と過激主義の国外流出にとって理想的な温床となる[12]」という警告に注目することは、非常に重要である。これらの問題はさまざまなレベルで検討されなければならず、統治と軍隊の改革や、民主的権利の要求、非宗教的・非過激的な政党の活動のさらなる自由化、そして生徒を対立的、好戦的な態度に駆り立てる訓練施設や原理主義の学校への対策などが必要とされる。一方、パキスタン国内で続いている闘争で、強い力をもつ知識人社会が先を見通した価値ある役割を担っていることにも、同様に注目する必要がある。実際、フセイン・ハッカニの鋭い分析も、この非常に建設的な運動の一環なのだ。アメリカ主導の「対テロ戦争」は軍事行動や国家間の外交、政府間の対話、そして一般に（パキスタンだけでなく世界各国の）支配者間の働きかけに偏りすぎており、困難な状況下では市民社会がきわめて重要な働きをするにもかかわらず、その重要性をいちじるしく軽視しがちだった。

実際、パキスタンには歴史的に幅広い人道主義的な取り組みが数多く見られ、この伝統は称えられ支持されるべきものだ。このことはすでに別の分野では世界的な関心を集め、多くの称賛を得る結果を生んでいる。たとえば、経済や社会の発展を理解するための「人間開発」の手法（進歩の度合いを単に国民総生産の成長によって判断するのではなく、人びとの生活水準の向上によって測るもの）は、パキスタンの経済学者で元蔵相のマーブブル・ハクが先駆けたものだ。[13] この手法は、パキスタンを含め国際的に幅広く使われ、公共政策の欠陥を査定してきたし（それに対する批判はしばしば猛烈なものとなったが）、いまなお国連による経済・社会の発展のための積極的な取り組みの柱の一つとなっている。パキスタンが世界へ輸出したものが、A・Q・カーンの不法な核開発関連の資材だけではないことを認識するのは重要だ。

このような宗教とは無関係のきわめて重大な貢献は、それにかかわる人びとの信仰心よりも、その人の幅広い洞察力にもとづくものである。だからといって、この事実はイスラム教徒としてのマーブブル・ハクの信仰心を疑うものにはならない。しかるべき領域における彼の信仰心は強かったことを、親友として彼を知る機会に恵まれた（一九五〇年代初めにケンブリッジの学部生としてともに過ごした日々から、一九九八年に彼が急死するまで）私は確信をもって言うことができる。ムスリムがもつ多種多様な責務と、イスラム教徒として狭く定義されたアイデンティティとの違いを理解することは、格別に重要なことなのである。

この違いの重要性を強調すべき第四の理由は、現在、繰り広げられている「テロとの闘い」において、それがいちじるしく――ときには完全に――見過ごされていることがあるからだ。これはきわめて逆効果を招く可能性があり、実際すでに招いている、と私は考えている。たとえば、宗教を「味方に」することでテロと闘おうとする試みはあまり効果がないばかりか、概念的にひどく方向性を見失う危険もあると、私は主張したい。この問題は明らかにより深く議論する必要がある。

## テロと闘い、アイデンティティを理解する

ムスリムがもつ複数のアイデンティティと、イスラム教徒としての特定のアイデンティティを混

同することは、説明として間違っているだけでなく、われわれが住む不安定な世界の平和政策のためにも、深刻な意味合いをもっている。現代社会には、世界規模の紛争やテロに対する不安が大いにある。脅威は現実のものであり、そのような危険を克服し、制圧するために早急に行動を起こす必要があるので、これは当然のことである。近年とられた行動には、アフガニスタンとイラクへの軍事介入が含まれる。こうしたことは公共の議論の重要なテーマであるが（イラクにおける作戦で連合軍が選択した方針について、私はまったく懐疑的であることを告白しなければならない）、ここでは紛争とテロへの世界的な取り組みの別の部分に焦点を絞って、文化的な関係と市民社会に関連した公共政策について論じることにする。

第1章で述べたように、本書はこうした対立が見られ理解される概念的枠組みと、公共的活動の要求がどのように解釈されているのかという点に、とりわけ関連するものだ。ここでは、単一基準によって世界の人びとを分類する方法への依存から、混乱が生じている。その混乱は、われわれの住む世界を一触即発の状況にする。私が言及している問題は、感情むきだしのウィリアム・ボイキン米陸軍中将（キリスト教の神はイスラムの神よりも「偉大だ」という彼の主張については第1章で述べた）のような西洋の人びとが、他の文化について述べてきたおおざっぱで悪意ある見解からすれば、きわめて微妙な事柄だ。このような見解であれば、それが鈍感で無意味であることは容易に見てとれる。

しかし、より一般的で大きな問題として（品のない中傷などなくても）見えてくるのは、宗教的アイデンティティからのみ織り上げられた単一基準の帰属という観点で人びとを分類することから生じ、恐ろしいものになりうる結果である。これは現代社会における世界的な暴力とテロの本質と力学を理解するうえで、とりわけ重要になる。世界を宗教によって分割することは、世界の人びとや民族間の多様な関係を大きく誤解するだけではない。それにはまた、特定の個人間の相違を、その他あらゆる重要な関心事を忘れさせるまでに拡大する効果もある。

「イスラム系テロ」と呼ばれるものに対処するにあたって、ムスリムであることはなにやら強い敵対心を要求するものなのか、あるいは世界の指導者の多くが温かい――感動的ですらある――口調で主張するように、「真のムスリム」は寛容な人間でなければならないのかが議論されてきた。イスラム教はつねに対立的な宗教だとする解釈を否定することは、今日では明らかに適切だし、きわめて重要であり、トニー・ブレアがこの点で成し遂げてきたことは大いに称賛に値する。しかし、ブレアがたびたび「イスラムの穏健かつ真の声」を引き合いに出すことに関しては、対立や寛容性をめぐる政治的、社会的信条という点から「真のムスリム」を定義することがはたして可能なのか――必要ですらあるのか――われわれは問わなければならない。これに関しては、先に論じたように、歴史的にもさまざまなムスリムが非常に異なった立場をとってきているのである。この宗教を中心にした政治的手法および、そこから生まれたお決まりの政策（一例をあげれば、「政府は共同戦線を固めるために計画された次の重要な段階で、ムスリム指導者と会談することになっている」というような発表が頻繁に出されること）の効果は、宗教的権威の声を支持し、強める一方で、非宗教的な制度や運動の重要性をないがしろにしてきた。

単一基準の——宗教的な——アイデンティティという仮定に沿って行動することが困難なのはもちろん、ムスリムだけに特有な問題ではない。それはまた、たまたまキリスト教やユダヤ教、ヒンドゥー教、シク教などの信者である人びとの政治的見解や社会的判断を理解するうえで、彼らの宗教的指導者と言われる人が、「会衆《フロック》」の代弁者として宣言することに主として——あるいはそれだけに——頼るどんな試みにも当てはまるだろう。単一基準の分類は、それぞれの宗教の階層化された制度内で「権力層」にいる人物に指導的な権限を与える一方、それ以外の見地は相対的に軽視され、覆い隠されていく。

今日、イスラム教をはじめとする、キリスト教以外の宗教の有力者に呼びかけて、世界平和や地域の安定について対話をさせようという試みがあるにもかかわらず、宗教的原理主義や過激派の勧誘が欧米諸国でも盛んであり続けているのは、懸念すべきことであり、いささか意外でもある。とはいえ、これは驚くべきものではない。政治的な大義のために宗教的指導者や聖職者を担ぎだし、その宗教を政治的、社会的な立場から再定義しようとすれば、どんなに信心深い人でも、それぞれ適切な領域でもつことができ、実際にもっている非宗教的な価値観を重視しないことになる。

ムッラーや聖職者を担ぎだして、所轄の宗教地区外で一役買わせれば、もちろんモスクや寺院で説教することにもなにかしらの違いが生じるだろう。しかし、それはまた、宗教によってたまたまムスリムである人が、基本的に政治や社会の問題に対処するために、(信者以外の人びとと共に)

実践しうる、またそうしている市民主導の取り組みも見くびることになる。さらには、宗教上の違いをことさら強調することによって、異なった宗教集団間の距離感を際立たせることにもなる。しかもたいがい、連帯意識を育む役割を果したかもしれないその他のアイデンティティ（同じ国民であるという意識を含め）が犠牲となるのだ。たまたまムスリムであるイギリス国民は、自国の首相と話をするのに、聖職者などの宗教指導者に頼るべきなのだろうか？　たしかに〔当時のブレア〕首相はとりわけ宗教指導者を通じて話をすることに熱心だったが。

宗教に関連するアイデンティティ以外に、人がもつすべてのアイデンティティを見落とすことが、党派主義的な宗教の影響力を弱めるには問題の多い方法となりうるのは、さほど驚くべきことではない。この問題はまた、戦争で荒廃しているイラクやアフガニスタンのより難しい――混乱した――政治状況に対処する際にはいっそう顕著になる。二〇〇五年にイラクで実施された選挙と国民投票は、彼ら独自の評価基準によればかなりの成功と見られるかもしれない。実際に選挙は行われ、投票率は相当に高く、暴力による妨害ですべてが水泡に帰することもなかった。それでも、宗教法人によって提供されたもの以上の、開かれた参加型の対話の機会がないまま、投票のプロセスは宗教や民族の派閥と結びつき、予想どおり党派別に分かれたものになった。各々の派閥（シーア派、スンナ派、クルド人など）から選挙に参加した人びとは、派閥ごとの代弁者によって厳格に仲介されていたようであり、人びとが一般市民としての役割を果たす機会はほとんど与えられなかった。

カブールでカルザイ政権は多くの功績を収めた（たしかに多くが達成された）が、アフガニスタンにもさほど深刻ではないとはいえ、似たような問題は存在する。公式政策が部族の長老会議や聖職者の評議会に頼ろうとして、開かれた一般の対話の促進という、より困難だがきわめて重要な方法をとらないため、宗教政治を超えることができないのである。宗教的な帰属をなににも勝るアイデンティティと見なせば、政治的にかなりの代償を払うことになるだろう。アフガニスタンの指導者が直面する難局にかんがみれば、同国がやろうとしている取り組みを辛抱強く見守る必要があるが、カルザイ政権が成し遂げたものへ称賛を送りつつも、この狭い道を進むことが長期的に困難を招く可能性については明確にしなければならない。

世界が抱えるテロという難題については、それに対抗すべく取り組んでいる世界の指導者たちから、現在われわれが得ている以上に明確な考えを期待するだけの理由がある。アイデンティティの単眼的な理解を暗黙のうちに信じることから生じる混乱は、世界的なテロリズムを克服するためにも、イデオロギーに動かされた大規模な暴力が存在しない世界を構築するうえでも、深刻な障壁となる。多様なアイデンティティを認識し、宗教的帰属を超えた世界を認めることができれば、信仰心のあつい人にとっても、われわれが暮らすこの問題の多い世界になんらかの違いをもたらす可能性があるだろう。

## テロと宗教

私は光栄にもダニエル・パールといくらか親交があった。二〇〇〇年の夏にパリで開かれた私の講演会に彼が来てくれたため、そのあとで長々と話し込んだのだ。彼はそのときすでに、ボンベイ（現在はムンバイと呼ばれる）を拠点に、『ウォールストリート・ジャーナル』紙のインド亜大陸特派員として仕事をすることが決まっていた。のちに、二〇〇一年二月に、私は彼とボンベイで再会し、また会話を続ける機会を得た。パールの非凡な知性だけでなく、真実を追求し、それによって世界をよりよく——より不公平でなく——したいという彼の姿勢に、私は感銘を受けた。また、とくに彼に最初に出会ったときに、世間にあまり注目されていない不公平さに加え、無知や混乱によっても、いかに世界の暴力が頻繁に引き起こされるかについても議論をした。理解と啓発を促すことで平和と正義のために闘うダニエル・パールのひたむきな姿に、私は知的にも感情的にも揺り動かされた。調査し探究しようとするそのひたむきさが、最終的に彼の命を奪うことになった。私が最後に会った翌年に、彼はパキスタンでテロリストに拘束され、処刑されたのだ。

ダニエルの父ジュディア・パールは、国際理解の促進のために創設されたダニエル・パール財団の会長を務めており、先ごろヨルダンの首都アンマンで開かれたイスラム学者の重要な会議の結果について感動的——かつ啓発的——な記事を書き、そのなかで自身のいらだちについて述べている。一七〇名のイスラム教聖職者と専門家が四〇カ国から参加したこの会議は、「イスラムの現実と現代社会におけるその役割」を定義しようとしたものだった。二〇〇五年七月六日に発表されたアンマン会議の最終コミュニケは、次のように断言した。「偉大で崇高なるアッラーとその預言者（彼に平和と恵みがあらんことを）と、その信仰の柱を信じ、イスラムの柱を尊重し、信仰に必要ないずれの項目も否定しないイスラム教徒の集団はいずれも、背教者と宣言することはできない」。ジュディア・パールは失望したが、穏健で寛容な彼は怒りをあらわにすることはなく、「信仰の基本的教義を信じていれば、背教者として非難されることからつねに守られるのだ」と結論した。彼はこのことから、「ビンラディンや、アブ・ムサブ・アル・ザルカウィ、ダニエル・パールとニック・バーグの殺害者らは、本人がイスラムの信仰を放棄すると明言しない限り、れっきとした信徒であり続ける」ことが示唆されると指摘した(14)。

ジュディア・パールの失望は、彼が明確に抱いていた希望を反映している。すなわち、おぞましいテロ行為はイスラム学者から非難されるだけでなく（彼らは実際、はっきりと非難していた）、破門されるに足る根拠となるだろう、という期待だ。ところが、破門はされず、ムスリムであるための条件が基本的にイスラム世界のなかで定義されていることを考えれば、破門はありえなかったのである。ジュディア・パールの場合、個人としての失望はごく当然のことだ。しかし、世界レベルでテロと闘う戦略のなかでも同じ期待を抱いたとすれば、欧米の戦略家はテロリストを背教者として宣言することで、宗教そのものをテロとの闘いに利用できると期待するだけの十分な理由があるのかと問われても、仕方がないだろう。その期待はアンマンで打ち砕かれたが、そもそも戦略家がそのように期待することが、理にかなっていたのだろうか？

前述したように、他宗教との対立や寛容についてどう考えるかという観点から、「真のムスリム」

を定義することがはたして可能なのかどうか、われわれは問わなければならない。こうした問題について、イスラム教は指針を明らかにしておらず、過去何百年ものあいだ、さまざまなムスリムがそれに対して非常に異なった立場をとってきているのだ。もちろん、この自由があるからこそ、ヨルダンのアブドラ二世はまさに同じ会議で、「イスラムの名において、一部の過激派グループによって遂行された暴力とテロの行為は、イスラム教の原理や信条とは完全に矛盾するものである」と断言することができたのだ。だが、そう判断――実際には叱責――が下されたからといって、そのように批判された人が「背教者」と見なされなければならないという立場にわれわれはまだ立つことはなく、イスラム学者らによるアンマン宣言が支持したのは、その肝心な点なのである。背教という問題は、基本的信仰と特定の慣習の問題なのだ。それは社会や政治の原則を解釈するうえでの正しさや、市民社会の公正さの問題でもなければ、ほとんどのムスリムが市民としてあるまじき行為、あるいは憎むべき政治的行動と見なすものを識別するためのものですらないのである。

## ムスリムのアイデンティティの豊かさ

もし、ムスリムの唯一のアイデンティティがイスラム教徒であることだとすれば、その人が下す道徳的、政治的判断はもちろんすべて、宗教的な評価と明確に結びつかなければならないだろう。欧米――とりわけ米英――がイスラム教をいわゆる対テロ戦争に引き込もうとする試みの背後にあったのは、こうした単眼的な幻想なのだ[15]。欧米の指導者は、①ムスリムにも多様な交友関係や帰属先がある（人によってそれはまちまちである）ことと、②イスラム教徒としての特定のアイデンティティをもつこと、を区別しようとしないために、テロに対する政治的な闘いを、イスラムを定義――または再定義――する奇妙な手法を通じて繰り広げる誘惑に駆られがちになってきた。ここで認識しなければならないのは、この単眼的な手法がいまのところほとんど成果をあげていないうえに、これからも実際に多くを達成できるとは予測できない、ということである。なにしろ、宗教的な問題と、ムスリムが信心深さにかかわらず自ら判断しなければならないその他の事柄は別個だからだ。二つの領域を正確に線引きするのは難しいかもしれないが、破門と背教に関する領域は、イスラムの戒律の既存の中心的教義や認定された慣習をさほど超えて広がるものではない。宗教はすべてに勝るアイデンティティではないし、そうなりえないのである[16]。

もちろん、いわゆるイスラム系テロリストが、一般にイスラムの原則および領域として認められているものに逆らって（アブドラ二世がいみじくも述べたように）、たびたび宗教の役割を別の分野にまで広く拡大しようとしているのは事実だ。テロリズムを拡大しようとする者が、ムスリムにもほかのアイデンティティがあることを忘れさせようとしているのも、また事実である。人びとがイスラムの特異な解釈にもとづくテロ勧誘員の主張に先導される代わりに、多くの政治や道徳関連の問題を判断し、自分の決断に責任をもたなければならないことを、テロリストは忘れさせたいのである。そのような試みに含まれる誤った思い込みは、明らかに吟味し批判しうるものだ。しかし、テロ勧誘員を「背教者」だと宣言することによって、勧誘をやめさせようとする戦略もまた――やはりどことなく単一基準的な意味で――宗教の及ぶべき範囲を既存の領域外にまで拡大させることになるだろう。

アイデンティティは多様であるという基本的な認識さえあれば、たとえ宗教の領域ではどれだけ信心深い人であっても、宗教的な観点からのみ人を見ようとはしなくなるだろう。宗教の助けを借りてテロに対処する試みは、イギリスやアメリカでイスラム教聖職者やその他の宗教的権力者の発言力を、宗教とは無関係の領域の問題においても増大させる効果があった。しかもそれは、民主主義の実践を含め、市民社会におけるムスリムの政治的、社会的役割を強調しなければならず、より多くの支援が必要なときにである。宗教上の過激主義が（宗教的な民族性には関係なく）市民の責任ある政治行動を見くびり、軽視するために行ってきたことは、宗教的権力者を「味方」につけてテロと闘おうとする試みによって、根絶させられるどころか、むしろある程度、強化されてきたのである。宗教的アイデンティティとは反対に、政治的、社会的アイデンティティがないがしろにされるなかで、市民社会は強化の必要性が高まっているまさにその時期に、逆に弱体化してきたのである。

# 第5章　西洋と反西洋

今日の世界には「西洋化」に対する強い抵抗がある。「西洋的」と見なされた考えは、たとえそれが歴史的には多くの非西洋社会で生まれて発展し、人類共通の財産の一部となった考え方でも、やはり疎んじられることがある。たとえば、自由を重んじたり、公共の論理を守ったりすることは、特段「西洋的」なことではない。それでも、「西洋的」と烙印を押された考えは、非西洋社会では否定的な感情を生みうる。実際、こうした傾向はさまざまな形態の反西洋的レトリックに見られる。一九九〇年代に東アジアで盛んに提唱された「アジア的価値観」の擁護もその一例だし、「イスラム的理想」は西洋が掲げるあらゆるものと深く対立すべきだといった主張も、またしかりである(このような態度は、近年多くの支持を得るようになった)。

西洋ないし、西洋だとされるものに対するこうした思いこみの原因は、一つには植民地の歴史にある。過去数世紀にわたる西洋の帝国主義は、列強によって統治、支配された国の政治的独立を奪ったばかりか、西洋に対するコンプレックスにとりつかれた風土をつくりだした。その形態は完全な模倣から、断固たる敵対まで広範囲にまたがる。被植民者意識が生んだ弁証法的な論理には、賞賛と不満の双方が含まれるのである。

ただし、植民地独立後の西洋に対する不満を、植民地時代に実際に受けた冷遇、搾取、恥辱への反発と単純にとらえるのは過ちである。現実に起きた虐待の歴史への反発以上に、植民地独立後に疎外感を味わったことへの不満が大きいからだ。現在は、「しっぺ返し」のような反発という皮相な説明がなされがちだが、それ以上の深層が問われなければならない。

とは言え、深刻な虐待が実際に行われたことを認識し、記憶しておくことも大切である。現実に起きた犯罪の社会的記憶は時に（詩や文章に残されて）反西洋的態度を助長するものだ。過去の植民地帝国を懐かしむ郷愁の念がヨーロッパで（イギリスではとくに顕著に、そして妙なことにアメリカでも）復活の兆しを見せているいま、植民地時代の不公正と人びとが感じているものが事実無根ではないことは、思い起こす必要はある。

植民地支配者による人権侵害や残虐行為（一九一九年四月一三日にインドの平和集会で、三七九名の非武装の民間人が銃殺されたアムリトサルの虐殺はとくによく知られる）に加え、被植民者全般に見られる精神状況も強い屈辱感を生み、劣等意識を植えつけた。支配された人びとの論理に植民地時代の屈辱が果たしている役割は、少なくとも植民地当局が押しつけた経済・政治的不平等と同じくらい注意を傾ける必要がある。

ジョン・バニヤンは『天路歴程』で、「屈辱の谷」について語っている。バニヤンは長年、投獄されていたので、屈辱がどういうものかよく知っていたのだ。そもそも、『天路歴程』が書かれたのは、一六七〇年代の二度目の服役中のときだった（初版は一六七八年）。しかし、想像上の谷のイメージがいかに悲惨であっても、現実の世界の辱めやさげすみとは似ても似つかない。たとえば、バニヤンが執筆した一七世紀には、アフリカがすでにそのような屈辱を経験していた。人類誕生の地であり、世界文明の萌芽に重要な役割を果たしたアフリカは、この当時、ヨーロッパ人によって支配された大陸となり、新世界に動物のごとく輸送される奴隷の狩猟場と化しつつあった。

屈辱が人の生涯にもたらす破壊的な影響力は、強調して余りある。アルバート・テヴォエジレが議長を務めるアフリカ独立委員会は、奴隷貿易と植民地化（及び身体的、社会的に受けた被害に輪をかけた人種的侮辱）という歴史上の罪悪行為を、「アフリカに対する戦争」と見なしてきた。同委員会は、今日のアフリカの主要な課題を「屈辱に対する戦争への勝利」（報告書の題名）ととらえている[1]。同委員会が主張するように、過去数世紀にわたって征服され、侮辱されてきたアフリカの過去は、アフリカの人びとが克服しなければならない、きわめて大きな負の遺産になっている。この遺産は昔ながらの制度を破壊し、新たな制度をつくる機会を失わせただけではなく、多くの者がよりどころとする、社会的な自信も砕いてしまったのである。

同様の損害はほかの場所でも生じた。インド統治の実際の記憶がイギリス本国ではほとんど薄れ、植民地時代に対する郷愁の念が（カレーの風味とともに）かなり強くなっている現在、南アジア人のイギリスに対する複雑な感情のなかに、帝国主義のとりわけ醜い側面への反発が、ほかの要素とあいまって含まれているという事実は想起に値する。帝国主義時代の支配層にはつねに少なからず親インド派がいたし、一八世紀にはとくにそうした人びとが活躍していた。しかし一九世紀に入って帝国の足場が固まると、イギリスの役人を教育するうえでインドとは一定の距離を置くことが重視されるようになった(2)。これに関する理論的根拠の一つは、ジェームズ・ミルの有名なインド史のなかでよく説明されている。インドへの赴任が決まった植民地幹部が読む定番となったこの書には、次のように書かれていた。「われわれの祖先は、がさつながら誠実だった」が、かたや「ヒンドゥー教徒は総じて飾られた外見の下に、人を欺き、裏切る気質をもっている」(3)。一度もインドを訪れることなく、インドの言語もまったく読めないままにミルが書いたこの本は、イギリス政府から全幅の信頼を寄せられていた。のちにインドで最も影響力のあるイギリス植民地行政官となったマコーリー卿からは、「ギボンの書以来、英語で書かれた歴史書のなかで、最も優れた作品」と評された(4)。

ミルはこの「英領インド行政官のバイブル」のなかで、インド人やヒンドゥー教徒を「高度な文明をもつ民族」と考える人びともいるが、「実際には彼らは文明への進歩における最初の数歩を踏み出したにすぎない」(5)と断じている。ミルの書のなかに並びたてられたさまざまな批判のうちの一つとして、インドの古代天文学に対する評価について、ここで簡単に触れたい。地球の自転と重力のモデルに関する論考をとくにとりあげた部分で、西暦四七六年生まれのアーリヤバタによって提唱され、のちに六世紀のヴァラーハミヒラと、七世紀のブラーマグプタによっても研究されたものだ。一連の研究はアラブ世界ではよく知られており、多くの学術論争を生んだ。実際、ブラーマグプタの著作は八世紀にアラビア語に翻訳されており、一一世紀にはホラズム出身の数学者アル＝ビールーニによって再訳されている（アル＝ビールーニはまえのアラビア語版には多少問題があると考えていたからだ）。

一八世紀末に、カルカッタで東インド会社に勤務していたウィリアム・ジョーンズは、これらの古いサンスクリット語文書の存在を知って、古代インドの天文学研究に対する賞賛の意を表した(6)。これについてミルは、ジョーンズのお人よしぶりに唖然としたと述べている(7)。ミルはその書の由来を荒唐無稽なものとし、ジョーンズに情報を提供したインド人の「自己主張と私利私欲」を批判したあと、こう結論づけた。「ヨーロッパ哲学者の宇宙体系に関する理論に精通したインドの学者から、こうした概念はインドの書物に記されているのだと、サー・ウィリアム・ジョーンズが聞かされたとしても、なんら不思議はない(8)」。こうして、インド人は総じて「人を欺き、裏切る気質をもっている」と信じるミルの見解が、インド史に関する自説を説明する役割を担うことになった。

インド人の功績とされるものを、数学と科学の分野を中心に総攻撃した締めくくりに、ミルは次のような結論に達した。すなわち、インド文明は彼の知る「ほかの下等文明」と同等のものであり、「中国やペルシア、アラビアのそれとほぼ同じ」で、「日本やコーチシナ、シャム、ビルマ、さらにマレーやチベットといった下等な国民」と同じくらい劣っている(9)、というものだ。こうした総合評価を下された「下等な国民」が、植民地を支配する西洋に対し、少々の不満を抱くようになったとしても、それを単に勝手な被害妄想と見なすのはいささか不公平かもしれない。

## ▒被植民者意識から生まれる論理

とは言え、被植民者意識から来る狭い視野と西洋に対する思いこみは、それが憤りであるにせよ賞賛であるにせよ、克服しなくてはならない。自ら（または祖先）の存在を、植民者によって歪曲され、差別されたものと見なすことは、その自己認識がいくら正しかったとしても、意味をなさないのである。

そうした自己分析がそれなりに的を射ている場面もまちがいなくあるだろう。「新植民地主義」という言葉でよく表現されるように、かたちを変えた植民地主義による格差は続いているし、植民地時代の制度に多大な利点を見出したくなる誘惑も大きい。そのような場面はある程度頻繁に起こっていると言ってもいいだろう。しかし、歴史のなかで植えつけられた劣等感に対する憤りが、今日生きていくなかで優先事項となるならば、自分を不当に扱うことにならざるをえない。つまり過去の植民地に端を発したものが、現代の世界でももてはやされ、追求する価値があるとなれば、それ以外の対象から人々の注意を大きくそらすことにもなりうるということだ。

実際、被植民者意識は宗主国との外的関係に寄生するかのようにとりついている。こうした強迫観念はさまざまな形態をとりうるが、そうしたものへの全面的な依存は自分を理解するための確固たる土台にはとうていなりえない。これから述べるように、「外部のものに対する」「反発的な自己認識」の本質は、現代の出来事にも広範にわたる影響を及ぼしてきた。たとえば、①「西洋的」な考え方であるというまちがった認識を植えつけることによって、（民主主義や個人の自由といった）多くのグローバルな考え方に対する不要な敵意を植えつける、②世界の哲学や科学の歴史（本質的に「西洋」のものも、多様な文化が入り混じった遺産も含めて）の見方をゆがめる、③宗教的原理主義を拡大させるだけでなく、国際テロの増長に加担しがちである、といった問題である。

このような状況が、直接的にも間接的にもさまざまな影響が入り交ざった結果であることは承知しているが、こうした影響をさらに探求するまえに、知的アイデンティティをめぐる歴史上の事例を使ってこの反発的自己認識の本質を説明させていただこう。[10] これは、インド史の解釈と、インド人としてのアイデンティティの自己認識に関連するものである。ジェームズ・ミルの例に見られるように、インドでは植民地支配によって数学や科学における過去の功績が軽んじられた結果、それに「適応した」自己認識が生まれた。インドは西洋との競争において「独自分野」を選択し、「精神的」分野では比較的優位だということを強調するようになったのだ。パーサ・チャテルジーはこういった考えの出現を次のように述べている。

反植民地主義のナショナリズムは、宗主国との政治闘争が起こるはるか以前から、植民地社会のなかに独自の主権領域を生みだす。それは、社会制度や慣習により成り立つ世界を、物質と精神という二つの領域に分けることによってつくりあげられるものだ。物質面というのは経済や国政、科学、テクノロジーなど「外側」の領域、つまり西洋が東洋よりもより優れていることを証明した領域である。そのため、この領域では西洋の優越を認めざるをえなく、その成果は丹念に研究し再現しなければならなかった。一方、精神面は「内側」の領域であり、文化的アイデンティティの「本質的」な特徴を備えている。したがって、物質的な領域で西洋の技術の模倣に成功すればするほど、精神的な部分の特殊性を保護する必要性が大きくなる。思うに、この図式が、アジアとアフリカにおける反植民地主義のナショナリズムの根底にある特徴なのだろう(11)。

チャテルジーの洞察に満ちた分析はいくらか「インド中心」でありすぎるかもしれないし、「アジアとアフリカ」を地理的にひとくくりにした彼の結論は、一九世紀インド亜大陸での経験にもとづいた見解としては間口を広げすぎたきらいがある。実際、反発的な自己アイデンティティは、地域や時代が異なれば、まるで異なった方法で作用しうるものだからだ。それでもチャテルジーは、イギリス統治下のインド亜大陸を含め、アジアやアフリカに広がるヨーロッパ帝国内各地で展開された動向の重要な一面を正確にとらえていたと言ってまちがいないだろう。こうした動きがインド人に「精神面において一歩」を踏み出させるきっかけをつくったのは確かである。これは多分に、植民地支配者がインドの解析学や科学の歴史を軽視してとらえたことへの反発であった(12)。このように焦点を絞る方法は、あらゆる方面で優位を主張する宗主国（精神的な領域も「われわれのもの」

だと主張していた）に挑戦するうえでは有益だったが、一方でインドの科学や数学分野における遺産の大部分を無視し、ないがしろにすることにもなった。こうした主張は、むしろ、インドの知的過去に対するジェームズ・ミルの誤解に反論するどころか、それをいっそう確固たるものにしたのである。

反発的なアイデンティティが醸成されるパターンとして、より一般的な例もある。独立後の社会に見られる奇妙な現象の一つに、今日、多くの非西洋人が自らを根本的に「他者」と見なす傾向がある。哲学者のアキール・ビルグラミは「ムスリムとはなにか」という論文のなかで、それについて見事に論じている(13)。つまり彼らはおもに西洋人とは異なるという観点から自己のアイデンティティを定義するように仕向けられているのだ。こうした「他者性」の一部は、文化的・政治的ナショナリズムを特徴づけるさまざまな自己認識として出現するだけでなく、その反動的な見解が原理主義に寄与することとすらある。

これらの「非西洋」的で、時には「反西洋」的な視点は、植民地支配からの独立を強く求めながら、実際には否定的かつ逆説的な意味で完全に外国に従属している。こういった囚われの意識が生みだす論理は、ひどく偏見に満ち、〔支配文化に〕寄生する反発的な自己認識にも結びつきうる。またこの単眼的な思考方法は、西洋と「互角に」なろうと努め（多くのテロリストが、自分たちの行為は植民地時代に受けた残虐行為を連想させる、または示唆するものだと考えているように）、西洋社会が過去や現在に犯した罪を想起させて、現代社会のなかで裁きを求めることにもなるだろう。さらに、「西洋に追いつき」、「得意分野で西洋を打ち負かし」、「西洋人でさえ感心するはずの」社会を築こうと試みるなど、より積極的なかたちをとることもある。これらの積極的な動きであれば、現状の是正を要求する、報復的な計画にありがちなかたくなな態度や無鉄砲な怒りは見受けられないかもしれない。だが、それでもやはり自分のアイデンティティを他者との関係にすっかり追従させていることには変わりない。過去の植民地支配者は、独立後の今日の人びとの意識にも甚大な影響を及ぼし続けているのである。

自らを「他者」と見なすことがもたらす不幸な結果にはもう一つ、普遍性のある政治的思想（たとえば自由や民主的論理の重要性）など人類の遺産を西洋がわがもの顔にしてきた事態が、さらに悪化するという現実がある。「西洋」とはなにかという問題に関して誤った判断を下せば（第3章で論じたように、これはよくあることだ）、非西洋世界で人びとは民主主義や自由を支持しなくなり、多大な損害をこうむることになる。その誤った判断はさらに、「西洋科学」は疑ってしかるべきだという独自の理由にもとづき、科学と知識に対する客観的な理解をゆがめさせることにもなる。

被植民者意識にもとづく考え方がアジアやアフリカの人びとの暮らしを困難にするのに果たす役割について、また異なった例をあげることもできる。マンフェラ・ランフェレはとりわけ広範囲に見られる現象を検討するために、エイズの大流行にたいして南アフリカで対策が不十分であったことについて、洞察に満ちた議論を展開した。彼女はすぐれた医師であり、反アパルトヘイト運動の指導者でもあり、世界でも知られた政策立案者という輝かしい経歴の持ち主だ。アパルトヘイト後の南アフリカの公共政策が本質的に、「伝統的に白人に支配されてきた科学への不信」からいかに影響を受けてきたかを、ランフェレは指摘する。「最悪の人種的偏見を招きかねない感染症が流行している事実を認めることへの懸念」から、人びとの論理が見て見ぬふりをする方向へと傾いてしまったのである(14)。

被植民者意識が生む論理は、反発的な西洋コンプレックスをもつ人びとの生活や自由に重いツケを負わせるだろう。反動が報復というかたちをとって暴力的対立に発展すれば、ほかの国々へも大損害をもたらしかねない。この悲惨な問題については、本章の後半で再びとりあげることにしよう。

## アジア的価値観とさまざまな主張

反動的な非西洋的アイデンティティを能弁に語るものの一つに、東アジアの多くの思想家が唱えた「アジア的価値観」がある。これはだいたいにおいて、西洋が自由・権利思想の歴史的な宝庫であるという主張（これに関するサミュエル・ハンチントンの主張については前述した）への反発から生まれたものだ。「アジア的価値観」の擁護者はこのような主張に反対するのではなく、むしろ同調している。ヨーロッパは自由と個人の権利の発祥地なのかもしれないが、「アジア的価値観」は規律と秩序を重んじる。そして、それらを優先することはすばらしい、ということだ。つまり、西洋が個人の自由と権利を尊重するのは構わないが、アジア社会は秩序正しい行動と規律ある振る舞いを重んじたほうがうまく機能すると主張しているのだ。西洋コンプレックスから抜けられない、この壮大な「アジア的」主張は、見過ごすわけにはいかない。

「アジア的価値観」の賞賛はタイ以東の国々において（とりわけ政治指導者や政府スポークスマンのあいだで）よく見受けられる。もっとも、それ以外のアジア諸国もほぼ「同様である」というさらに大胆な主張もある。たとえば、東アジア再生の重要な立役者であり、独自の先見の明をもつ政治指導者でもある元シンガポール首相のリー・クアンユーは、「社会と政府に関する西洋の概念が東アジアのそれともっとも大きく異なる点」についてこう説明している。「私が東アジア人と言うときには、韓国、日本、中国、ベトナムを指しており、中国とインドの文化が混ざった東南アジアとは区別しているが、インド文化自体も類似した価値観に重きを置いている」[15]。彼はさらに西洋の覇権、とりわけアメリカの政治的優位に抵抗する必要性と、アジア的価値観を結びつけ、シンガポールは「アメリカの属国ではない」と主張した[16]。

アジアと西洋のあいだの文化と価値観の違いは、一九九三年のウィーン世界人権会議で数カ国の代表団によって強調された。シンガポール外相は、「普遍主義が現実の多様性を否定または隠蔽するものであるならば、人権の理念を普遍的に認めることは弊害となりうる」と警告した[17]。中国代表団は地域的な差異を強調する立場の先頭に立ち、ウィーン宣言で採択された規範的枠組みに「地域の多様性」を認める余地が残るように念を押した。中国外相はさらに、アジアでは「国民が個人の権利より国家の権利を第一に考える義務」が優先されると、公式に提言したほどである[18]。

このような文化論的な分析がなぜ正当化しづらいのかという点については、第3章ですでに説明したとおりだ。自由や公論の概念、そして基本的人権と呼びうるような考え方は、アジアの国々（インド、中国、日本をはじめとするアジア諸国）でも、ヨーロッパに劣らず尊重されてきた。[19] ここで留意すべき点は、「アジア的価値観」に議論の余地があることや、それによってアジアの知的遺産と呼ぶべき範囲がひどく狭まるという事実だけではない。これまでの分析と照らし合わせ、このような見解が生まれた経緯がまったく反動的な性質のものであることに気づくことも、また重要なのである。こうした独立後のアジアの論理に、西洋と一線を画す必要性が認知されており、またアジアにはヨーロッパよりもよいものがあるという考えに多くのアジア人が惹かれているのも容易に見てとれる。

ただやはり、〔アジアは〕特別な存在であるとするリー・クアンユーの主張は否定しがたいものがある。アジアで政治的自由と民主主義の定着を求める（筆者を含む）者にとって、リーの言動がわれわれの考えと逆行していることは嘆かずにはいられないが、認めるべき彼の功績を評価しないのはまちがっている。現に、リー・クアンユー指導下のシンガポールが経済的に成功したばかりでなく、少数民族の共同体にも帰属意識と安全を与え、国民としてのアイデンティティを共有できるようになった点は、とりわけ評価する必要がある。かなり多くの少数民族をかかえるヨーロッパの多数の国々でも、自国の少数民族にこれほどのものを提供できてはいない。二〇〇五年秋にフランスの都市で、人種・民族の対立から勃発した暴動とは好対照であったと考えずにはいられない。

しかし、リー流のアジア的価値観の一般化は、アジアの歴史的古典だけでなく、現代アジアの現実を見聞し、著作物を幅広く読んだ者からすれば正当化しがたいのも事実である。リーとその支持者の論文に書かれたアジア的価値観の分析は、西洋こそ自由と人権の発祥の地だとする西洋の主張に対する反動的な風潮の影響を明らかに受けている。リーは西洋の主張に異議を唱える代わりに、形勢を逆転させようとしてこう主張する。たしかに、われわれは自由や権利といった西洋の概念に貢献していない。アジアにもっとよいものがあるからだ、と。この種の反西洋思想もまた、弁証法的な意味で西洋にこだわっているのである。

## 植民地主義とアフリカ

二〇世紀、それもとくにその後半において、最も困難に見舞われた大陸はおそらくアフリカである。二〇世紀なかばころ、イギリス、フランス、ポルトガル、ベルギーなどによる帝国的支配が正式に幕を閉じ、アフリカには民主主義の発展への強い兆しが見られた。だが実際には、アフリカの大部分はまもなく権威主義と軍国主義に苦しめられるようになり、社会秩序や教育・医療制度も崩壊し、地域紛争や共同体間の対立、内戦へと発展した。

ここでは、アフリカがいまようやく克服し始めたこれらのいまわしい出来事の裏にある原因については立ち入らない。ただし、アフリカ大陸の多数の地域を荒廃させている感染症（エイズなどの新しい病気から、マラリアのように昔からあるものまで）の大問題によって、克服はより困難になっている。こうした開発の複雑性については、別の場（自著『自由としての経済開発』など）で説明を試みてきたので、ここでは、植民地主義と囚われの意識がもたらす作用に関係する問題について二点だけ述べるにとどめておく。[20]

まず、世界的な西洋支配がアフリカの経済発展を妨げる影響を及ぼした（たとえば、農産物や繊維製品などの商品に課された欧米への輸出制限や、近年ようやく軽減され始めた多額の対外債務などを通じて）可能性があることについては、すでに多くの人びとが指摘しているが、アフリカ大陸の近年の政治・軍事的発展に、西洋の列強が果たした役割を検討してみることも、また重要である。

過去の帝国主義時代にアフリカが見舞われた不運は、折しも二〇世紀後半の冷戦が生んだ制度的欠陥に引き継がれた。アフリカの地で大規模に戦われた冷戦（このことはあまり知られていないが）では米ソの両超大国が、自分たちに友好的であって敵国をより憎む軍事指導者をそれぞれ育成したのである。コンゴのモブツ・セセ・セコやアンゴラのジョナス・サヴィンビなどの軍事独裁者は、アフリカの社会・政治的秩序（やがて経済的秩序までも）を破壊したものの、軍事同盟を結ぶことでソ連かアメリカのどちらかの支援を当てにすることができた。文民政権を覆した軍事独裁者には、軍事同盟を通じて、つねに超大国の味方がついていた。一九五〇年代には民主政治を大きく発展させる態勢が整ったかのように見えたアフリカは、ほどなく冷戦のいずれかの陣営とつながる多様な独裁者によって支配されることになった。軍事政権はアパルトヘイトを制度化する南アフリカと圧政ぶりを争っていた。

現在、徐々にではあるが、アパルトヘイト廃止後の南アフリカが牽引力となるかたちで、状況は建設的な方向に変化している。しかしながら、アフリカにおける欧米諸国の駐留軍の存在は――その影響力も含め――しだいに異なる様相を見せはじめている。つまり、駐留軍が国際的に売却される武器・兵器の主要な供給者となっているのだ。これらの武器は地域紛争や武力衝突でもしばしば利用され、それは貧しい国々の経済面に破壊的な結果をもたらす。武器売買――および密売――が、アフリカの軍事紛争を減らすために取り組むべき唯一の問題でないことは明らかだが（武器市場の需要側にも無論、アフリカがかかえる問題が反映されている）、国際的な武器取り引きを抑制する必要性は、現在きわめて強くなっている。軍需産業は、密売すれすれで武器が売却される場合も多いビジネスといってよい。

今日の世界市場における主要な武器供給国はG8の主要国であり、一九九八年から二〇〇三年のあいだに売られた武器の八四パーセントをこれらの国々が供給していた[21]。日本はG8諸国のなかで唯一の非西洋国であり、武器輸出にかかわっていないただ一つの国である。アメリカは一国だけで世界市場で売られる武器の約半分を扱っており、その三分の二はアフリカを含む発展途上国に輸出されている。武器は凄惨な結果をもたらすだけではなく、経済や政治、社会に破壊的な影響を与える。ある意味でこれは、一九六〇年代から一九八〇年代にかけてアフリカで冷戦が戦われていた時代に、軍事政権の発展に大国が寄与したありがたくない役割が、いまなお継続している証である。

大国には、冷戦時代のアフリカで民主主義政権を転覆させる一翼を担った非常に大きな責任がある。アフリカでもどこでも、列強は武器の売買や密売によって、軍事衝突の増大にいまなお関与している。小型武器の不正輸出に対する共同の取り締まり（数年前のコフィ・アナンによる控えめな提案）にすらアメリカが合意を拒否した事実は、事態の困難さを示している。

今日アフリカが、植民地としての過去や冷戦時の民主主義への抑圧から抜け出そうとするときに直面する問題の一つは、長引く武力衝突というかたちで同様の現象が続いていることであり、欧米諸国はそれを助長する役割を負っているのである。近年とみに利用される文明の分類によれば、西洋はしばしば「文明社会のなかで唯一、個人の人権と自由を尊重する歴史がある」（ハンチントンの表現を喚起させる）として讃えられるが、（前述したとおり）この論点の歴史的な限界はさておき、アフリカ諸国を含むその他の国々における「個人の人権と自由」を抑圧するうえで欧米諸国が果たした役割に留意することも重要である。欧米諸国の政府は自国内にいる「死の商人」の活動を制限もしくは禁止する政策に転向する必要がある。被植民者意識をもつ人びとを脱植民地化させるには、西洋の国際政策の変化が不可欠である。

第二に、言うまでもないことだが、人びとの意識のなかにも多くの問題がある。クワメ・アンソニー・アピアーが主張したように、「イデオロギー面における独立は、在来の『伝統』と外来の『西洋』思想のどちらを無視しても失敗することになる」[22]。とりわけ、アフリカには民主主義は適さない（民主主義は「きわめて西洋的なもの」である）というたびたび繰り返されてきた言説は、一九六〇年代から一九八〇年代にアフリカで民主主義を守ろうとする動きを弱体化させた。アフリカでも（世界のほかの地域同様に）民主主義が建設的な役割を担っていることを認める必要性のほかにも、文明論的な議論には二重の意味で問題がある。なにしろ、西洋の発明は世界のほかの地域でもまだ非常に役立ちうる（ペニシリンがよい例）だけでなく、先に述べたようにアフリカにも実際には参加型統治の長い歴史があるからだ。

アフリカの偉大な人類学者であるマイヤー・フォーテスとエドワード・エヴァンズ＝プリチャードは、六〇年以上前に発行された『アフリカの伝統的政治体制』という名著のなかで、「アフリカの国家構造を見れば、王や首長が同意にもとづいて支配していることがわかる」と述べている。[23]批評家たちが言うように、これにはいくらか一般化しすぎた部分はあるかもしれないが、アフリカの政治的伝統に見られる説明責任と意思決定への参加が今日でも重要な役割と関連性を持ち続けていることは疑いの余地がない。こうしたことすべてを見過ごして、アフリカにおける民主主義のための戦いを、民主主義という「西洋の思想」を外国から取り入れる試みにすぎないと見ることは、（先述のように）甚大な過ちとなるだろう。

ここで再び、忠誠を尽くす対象は複数となりうることを理解し、複数のアイデンティティの共存を尊重することが重要になる。アフリカの脱植民地化においてはなおさらである。アピアーは、父親が「自分のアイデンティティに複数の愛着をもち、とりわけアシャンティ族であり、ガーナ人、アフリカ人でもあり、キリスト教徒でメソジスト派である[24]」と考えていたことにいかに影響されたかを述べている。多元的アイデンティティが混在する世界をきちんと理解するには、われわれには忠誠を尽くす対象も帰属関係も複数あるという認識について考える明晰さが必要になる。こうしたことはえてして、なにかたった一つの視点のみを擁護する単眼的な見方に圧倒されがちになるのだが。被植民者意識から脱却するためには、単一のアイデンティティや優先事項による誘惑と決別する必要がある。

## 原理主義と西洋中心主義

ここで、原理主義について話を進めたい。現代の世界において目覚ましい存在となり、忠誠心や社会不信を生み出すうえで重大な役割を担っているのが原理主義である。原理主義は西洋においても、ほかの地域と同様に盛んであることは、まず指摘しておかなければならない。実際、ダーウィンの進化論は、世界のどの地域にも増して、アメリカの一部の教養ある大衆から組織的な猛反対を受けている。しかしここでは、非キリスト教の原理主義に焦点を絞ろう。世界の植民地の歴史とそうした原理主義との関係を理解することが肝心なのである。

非キリスト教の原理主義運動の一部が強硬な反西洋主義であることから、原理主義者が実際には西洋にひどく依存しているという主張は、にわかには信じがたいものかもしれない。しかし、彼らは明らかに西洋に依存しているのだ。西洋の概念や利益に対抗することをあからさまに、ひたすらにめざした価値観や優先事項を推し進めることに彼らが専念していることを考えれば、なおさらである。外部（ここでは植民地主義）の権力構造に対して自らを「他者」ととらえるような認識の仕方（先述のアキール・ビルグラミによるわかりやすい概念を拝借すれば）は、反西洋を最も声高に叫ぶ一部の原理主義運動において、組織の基本的な考え方となっている。イスラム原理主義の過激派も例外ではない。

アジアからヨーロッパおよびアフリカにまたがる旧世界の広大な地域がムスリム支配下にあり、彼らが絶大な支配力を振るっていたころ（七世紀から一七世紀にかけて）、ムスリムは自らの文化や優先事項を、おもに反発的な表現で定義することはなかった。イスラム教を広めるためには、ほかの宗教（キリスト教、ヒンドゥー教、仏教など）と勢力争いをする必要があったにもかかわらず、ムスリムは自らを世界の有力勢力と見なし、「他者」として定義づける必要はなかった。一致団結して反西洋の姿勢をとり、西洋との闘いに全身全霊を尽くすことが強調され（彼らを「悪魔の化身」などと称して）、原理主義的視点から見た政治舞台の中心に西洋をすえるようになれば、もはや自立した視点を持てなくなってしまう。イスラム教徒が栄華を誇った時代には、そのような反動的な自己定義は必要なかったのである。

たしかに、今日においてもそのような反動的な自己定義を行う「必要性」はあまりない。イスラム教徒であるためには、明確な宗教上の信念をもち（とりわけ、「神のほかに神はなし」および「ムハンマドは神の使徒なり」の二句を受け入れる）、義務として課せられたいくつかの行為（礼拝など）を実践しなければならない。しかし、宗教上の信念や行為によって幅広い制約が課せられても、それぞれのイスラム教徒は世俗の問題については異なった見解をもち、人生をどう歩むべきか決定することができる。そして、世界中のイスラム教徒の大多数は、今日においてもまさにそのように行動しているのである。その一方で、一部のイスラム原理主義運動が特異な領域を築きあげ、西洋を極端に敵視しながらもそれを中心にすえる社会観と政治思想を生みだした(25)。

現代のイスラム原理主義が、この意味で西洋に寄生しているものであるならば、その原理主義が時にもたらす欧米を標的としたテロリズムはなおさら寄生的である。西洋の力を弱めるために自らの生命をささげ、西洋で実際的にも象徴的にも重要な意味をもつ優れた建造物を崩壊させるような行為は、あらゆる優先事項や価値観を凌駕するほどの西洋に対する執着心を反映している。そのような思考は、被植民地的思考があおる先入観の一つなのである。

第4章でも論じたように、おおざっぱな文明分類でひどくあいまいにされている相違点の一つは、①ムスリムであることが当人にとって重要なアイデンティティであっても、必ずしも唯一のアイデンティティではないこと、および②イスラム教徒というアイデンティティによって一人の人が完全にもしくは優先的に定義されること、の違いである。現代のさまざまな政治論争に散見されるこのようなあいまいさ、つまりムスリムであることと、イスラム教徒という唯一のアイデンティティしかないことが混同されるのは、憂慮すべきさまざまな事件の産物であり、粗雑な文明区分に依拠することも、明らかにその一つである。しかしながら、反西洋的な思想やレトリックのなかで反動的な自己概念が出現することも、このような概念の混同を引き起こす原因となっている。そもそも文化、文学、科学、そして数学は、宗教よりもずっと容易に共有しあえるものである。自分自身を西洋と明確に区別した「他者」ととらえる傾向は、アジアやアフリカの多くの人びとに、自分を理解するうえでなににも増してひたすらに非西洋的なアイデンティティに（西洋のユダヤ・キリスト教的な遺産から離れて）過度の重きを置かせる影響力をもっている。

この一般的な分類法の問題については、原理主義や欧米諸国で実行されたテロ事件に対する対応を誤らせるという点も含めて、あらためて検討しなければならないだろう。

# 第6章　文化と囚われ

世界の人びとは――おそらく必要以上に断固として――文化は重要だという結論に達している。世界の人びとは明らかに正しい。文化はたしかに重要だ。しかし、本当に問われるべき問題は、「文化はどのように重要なのか？」なのである。[1]前の二つの章で論じたように、文化を文明や宗教的アイデンティティごとに歴然と分割された枠内に制限して考えることは、文化の属性を狭くとらえすぎている。たとえば、国民、民族、人種などの集団についても、文化ごとにそれらを一般化すると、そこに含まれた人間の特性を驚くほど限定的かつ冷淡に理解するはめになるだろう。文化とはなにかはっきり理解しないまま、文化の支配的な力を運命だと受け止めているとき、われわれは実際には、幻想の影響力に囚われた空想上の奴隷になることを求められているのだ。

ところが、文化による単純な一般化は、人びとの考えを固定化するうえできわめて効果を発揮する。そのような一般化が通説や日常会話のなかに多々見られるという事実は、容易に見てとれる。暗黙のゆがんだ思い込みは、人種差別的な冗談や民族批判の種として頻繁に見られるだけでなく、壮大な理論として登場する場合もある。文化的偏見に関連する事例が、社会のなかで（たとえ些細なことでも）偶然に見られれば、そこから理論が生まれ、偶然の相関が跡形もなく消えたあとも、その理論は葬り去られずに残るかもしれない。

アイルランド人にまつわる言い古された冗談（「電球一個を交換するのに、アイルランド人は何人必要か？」といった独断的なもの）を例にとって考えよう。これは昔からイギリスで語られてきた冗談であり、ポーランド人に対する同じくらいくだらないアメリカの冗談と似たようなものだ。こうした独断的な言葉は、アイルランドの経済がかなり深刻な状況のときは、その悲惨な状況を一見よく表しているようだった。しかし、アイルランドの経済が驚くほど急激に――実際、近年ではヨーロッパのどこの国の経済よりも急速に（アイルランドはいまや一人当たりの国民所得でほぼヨーロッパの最高水準にある）――成長し始めても文化的な偏見と、経済や社会との深い関連性とされるものが、まったく無意味な戯言《たわごと》として片づけられることはなかった。理論は現実に見られる現象界に左右されることなく、独自の道を歩むのである。

## 想像された真実と実際の政策

そのような理論は、えてして単なる無害な冗談ではすまされない。たとえば文化的な偏見は、アイルランドがイギリス政府から受けた扱いだけでなく、一八四〇年代の飢饉を防げなかったことにすら一役買っていた。アイルランドの経済問題にイギリス政府が対処するにあたって、（アイルランド人が〕文化的に疎外されていたこともたしかに影響を及ぼしていたのだ。イギリスにおける貧困は通常、経済的な変化や変動のせいとされていたが、アイルランドの貧困は〔政治分析家のリチャード・ネッド・ルボウが論じたように〕怠惰、無関心、愚劣によって引き起こされているとイギリスでは一般に見られていたため、「イギリスの使命はアイルランドの貧困を緩和することではなく、この地の人びとを文明化させ、人間のように感じ、行動するよう導くこと」なのだと考えられていた(2)。

アイルランドの経済的困難を引き起こした原因を文化に求めようとする試みは、少なくとも一六世紀にさかのぼり、一五九〇年に出版されたエドマンド・スペンサーの『妖精の女王』によく反映されている。被害者を非難する論法は『妖精の女王』でも頻繁に用いられており、一八四〇年代の飢饉の際に効果的に使われ、古い物語にさらに新たな要素が加えられた。たとえば、アイルランド人のジャガイモ好きですら、この地の人びとが背負っている不幸の一つに数えられ、イギリス人の目から見れば、それも彼らが自ら招いたものなのだった。飢饉当時の財相だったチャールズ・エドワード・トレヴェリアンは、イギリス政府はアイルランドのためにできる限りの手を尽くしたという見解を述べたが、飢饉では大量の死者が出ていた〔それどころか、アイルランド飢饉の死亡率は世界史上比類のない高さのものだった〕。

トレヴェリアンはまた、アイルランドの明らかな飢餓状態を〔イギリスの統治に非難の目を向けることなく〕、アイルランド文化の展望のなさと言われるものに関連づける、いささか驚くような文化的解釈も行った。「アイルランド西部の小作農階級では、ジャガイモをゆでる以外の調理方法を知る女性はまずいない」[3]。この発言は、外国料理の批判には遠慮しがちだったイギリス人にとって、心強い出発点になったと見なせるだろう（お次はフランス、イタリア、中華料理かもしれない）。だが、アイルランド飢饉に関するこの文化的解釈の特異性は、間違いなく奇抜な人類学史の一ページとして記録に値する。

文化的偏見と暴政の関係は、きわめて密接なものになりうる。支配者と被支配者の不均衡な力関係は、両者のアイデンティティの違いをいっそう意識させ、統治と公共政策の失敗を弁明するための文化的偏見と結びつくことがある。一九四三年のベンガル飢饉について、ウィンストン・チャーチルがその原因は「ウサギのように繁殖する」インド人の性癖によると述べたのはよく知られている。この飢饉はインドが一九四七年にイギリスから独立する直前に起こった（イギリスのインド統治が終わると飢饉も消滅したので、これがインドでは二〇世紀最後の飢饉となった）。このように災害の原因をお粗末な行政にではなく、被支配者の文化に求めるのは一般的な習慣であり、こうした思考の習慣は二〇〇万から三〇〇〇万人の命を奪ったベンガル飢饉への対応をいちじるしく遅らせた。チャーチルはインド統治の仕事がこれほど困難になったのは、インド人が「世界のなかでドイツ人についで野蛮な人びと」[4]だからだという不満を表すことで問題を片づけた。文化論とはなんと便利なものであろう。

経済的な発展の遅れを文化によって説明する手法は、近年、確実に地歩を得てきている。たとえば、ローレンス・ハリソンとサミュエル・ハンチントンが共同で編集した『文化は重要である』という人を惹きつける影響力の強い著書から、次の主張を考えてみよう。ハンチントンはこの本に、「文化は重要なのだ」と題した前書きを寄せている。

## 韓国とガーナ

一九九〇年代の初めに、私はたまたま一九六〇年代初めのガーナと韓国の経済データを目にし、この当時、両国の経済がいかに似通っていたかを知って驚いた（中略）。三〇年後、韓国は世界第一四位の経済力を誇る工業大国となり、多国籍企業が自動車や電子機器などの高度な製品を主要輸出品とし、一人当たりの国民所得はギリシアに匹敵するまでになった。そのうえ、韓国は民主制度を確立する途上にあった。そのような変化はガーナでは起こらず、一人当たりの国民所得は、いまでは韓国の一五分の一ほどだ。両国の発展におけるこの途方もない差異は、どう説明できるだろうか？　多くの要因がかかわっていることに疑いはないが、文化がそれを説明する大きな役割を担っていると私には思われる。韓国人は倹約、投資、勤勉、教育、組織、規律を重んじるが、ガーナ人の価値観は異なる。要するに、文化は重要なのだ。(5)

この突拍子もない比較にもなにかしら興味深い事柄（おそらくなんの脈絡もないわずかばかりの真実）はあるかもしれないが、この差異はたしかに十分に検証する必要があるものだ。前述の引用で用いられていたように、因果関係の説明は全くあてにならない。一九六〇年代のガーナと韓国のあいだには、多くの重要な違いが——両国の文化的な傾向のほかにも——あった。

まず、両国の社会の階層構造はかなり異なり、韓国では財界がより大きな——および積極的な——役割を担っている。二つ目に、政治形態も大きく違い、韓国政府は財界中心の経済的発展を進めるために率先して熱心に、意欲的に動いていたが、ガーナではそのようなことはなかった。三つ目に、韓国経済は日本とアメリカとのあいだにそれぞれ密接な関係をもっており、少なくとも韓国が経済的に発展する初期段階において、それが大きな違いをもたらした。

四つ目に——おそらくこれがいちばん重要なこととして——一九六〇年代までに韓国はガーナよりもはるかに高い識字率を達成し、学校制度も拡充していた。学校教育における韓国の発展は、おおむね第二次世界大戦後に強力に推し進められた公共政策を中心にもたらされたもので、それは単に文化の反映と見なされるようなものではない（文化を一国で起きているすべてのことを含むという一般的な意味を除けば）[6]。ハンチントンの結論にはそれを支える十分な裏づけがないことから、韓国文化を優遇する文化的な楽観主義も、ガーナの将来についての極端な悲観主義も、どちらも正当化することは難しい。ハンチントンは文化決定論に依存したまま、こうした議論を進めているのである。

これはなにも、文化的な要因が発展の過程にはなんら関係がないと示唆するものではない。しかし、そうした要因は社会、政治、経済からの影響と切り離して作用することはないし、不変のものでもない。文化的な側面をその他の問題とともに、社会的な変化をより完全に説明するなかで考慮するならば、発展の過程やわれわれのアイデンティティの本質を含め、世の中を理解するために視野を広げるうえで大いに役立つだろう。まるで固定化したような文化の優先（「ガーナ人の価値観は異なる」とハンチントンが言うように）に直面して、もろ手をあげて不賛成の意を表したところで、さほどものごとが解明されるわけでもないし、役に立つわけでもないが、価値観や行動が学校や大学などによる影響を通じて、社会の変化にどう対応しうるものなのかを調べることは有益だ。

ここでもう一度、韓国に話を戻そう。一九六〇年代（ハンチントンには両国の経済がほぼ同様に思われた時代）に、韓国にはガーナよりもはるかに高い識字率を誇る、教育の普及した社会があった。すでに述べたように、この相違は実質的に、第二次世界大戦後に朝鮮半島で推し進められた公共政策の結果だった。しかし、戦後の教育政策もまた、それに先立つ文化的特性によって影響されていた。文化を運命的なものとする幻想からいったん離れて考えれば、文化はその他の影響や相互作用的な社会プロセスとともに、社会的変化をより理解するための手助けをしてくれるだろう。

ちょうど教育が文化に影響を及ぼすように、以前からあった文化もまた、双方向の関係のなかで教育政策に影響を与える。たとえば、仏教の伝統が根強い国はほぼどこでも、学校教育の普及や識字率の向上に熱心な傾向が顕著に見られる。このことは日本や韓国だけでなく、中国、タイ、スリランカにも言えるし、その他の点では時代に逆行するビルマ（ミャンマー）にさえ当てはまる。仏教では啓発（悟り）に重きが置かれ（「仏陀《ブッダ》」という言葉そのものが、「悟りを開いた人」を意味する）、経典を僧侶任せにせずに各自で読むことが重視されるため、教育の普及をうながすことになる。より広い視野に立てば、ここにおそらく研究し学ぶべきものがあるだろう。

しかし、他の国々と接し、彼らの経験を学ぶことは実際に大きな違いをもたらすのであり、その過程の相互的な本質を見ることもまた重要だ。第二次世界大戦末期に学校教育の普及を急速に進めることにしたとき、韓国は教育における文化的な関心に動かされていただけではない。アメリカを含む西洋や日本の経験にもとづき、教育が果たした役割と意義を新たに理解したことも影響を及ぼしていたのである。

## 日本の経験と公共政策

韓国よりも早い時期に日本が経験した教育発展の歴史にも、国際交流と国民的な反応に関して似たような状況が見られた。日本が（徳川幕府のもとで一七世紀から続いた）鎖国を解いたときには、すでに国内によく整った教育制度があった。この成果は教育に対する日本の昔からの関心の高さによるところが大きい。現に、一八六八年の明治維新のころには、日本の識字率はヨーロッパよりも高かったのである。それでも、日本の識字率はまだなお低く（ヨーロッパももちろん同様だったが）、おそらくそれ以上に重要なことに、日本の教育制度は、工業化しつつあった西洋の科学と産業技術における進歩から完全にとり残されていたのだ。

一八五三年にマシュー・ペリー提督が江戸湾に、黒い煙を吐く新型の蒸気船でやってきたとき、日本人はたいそう驚き——いくらか恐れをなし——アメリカとの外交および通商関係を受け入れることを余儀なくされた。それと同時に、日本人は世界から知的に孤立していた政策も再検討および再評価しなければならなかった。このことが明治維新につながる政治的な変化となり、それとともに日本の教育のかたちを変える決意が生まれたのである。一八六八年に発布された御誓文では、「智識を世界に求め(7)」ることの必要性が断固として宣言されていた。

四年後の一八七二年に公布された学制は、明確な言葉で教育に対する新たな決意を述べている。

自今《じこん》以後（中略）必ず邑《むら》に不学の戸なく家に不学の人なからしめん事を期す(8)。

当時、強い影響力をもっていた指導者である木戸孝允は、基本的な問題についてきわめて明白に述べている。

決して今日の人、米欧諸州の人と異なることなし。ただ学不学にあるのみ(9)。

それが一九世紀後半に日本が決意をもって取り組んだ課題だった。

一九〇六年から一九一一年までに、日本の市町村の予算の実に四三パーセントが教育に費やされていた[10]。一九〇六年には陸軍の徴兵官が、一九世紀後半と比べると、すでに文字が読めない新兵がほとんどいなくなっていることに気づいていた。日本では、一九一〇年には小学校教育が普及していたと一般に認められている。一九一三年には、日本はまだ経済的に貧しく発展途上にあったが、イギリスよりも多く本を出版し、アメリカの二倍の点数の書籍を発刊する、世界の出版大国の一つとなっていた。実際、日本が経験した経済発展そのものが、人間の潜在能力《ケイパビリティ》の形成によって大いに成し遂げられたのである。そこには公共政策とそれを支援する文化的な風潮の双方(が作用すること)によって促進された、教育や訓練の果たした役割も含まれていた。日本が見事な経済・社会の発展の基礎をどのように築いたか理解するためには、こうした相互作用が非常に重要である。

さらに言えば、日本は単に学習しただけではなく、それを伝える優れた教師にもなった。東アジアや東南アジアの国々の発展に向けた努力は、日本が教育を普及させ、社会や経済の改革において目覚ましい成功を遂げたことに深く影響を受けていた。いわゆる東アジアの奇跡は、少なからず日本の経験によって鼓舞された成果だったのだ。

文化面における相互関係に広い枠組みのなかで注目することは、発展や変化の理解を高めるうえで役に立つだろう。それは文化を完全に無視する(経済にばかり重点を置くモデルのような)考え方とも、文化を不変に存在していて抗いがたい影響力をもつ、独立し、安定した勢力として優先すること（一部の文化論者はそう考えたがるようだが）とも異なるだろう。文化によって定められた運命という幻想は誤解を招くだけでなく、人びとのやる気を大いにそぐものでもある。それによって、恵まれない環境に置かれた人びとのあいだに運命論的な感覚やあきらめが生じるからだ。

## ■広い枠組みにおける文化

われわれの文化的背景が行動や思考に多大な影響を及ぼすことは、疑いの余地がない。また、われわれが享受する生活の質も、文化的背景によって影響を受けざるをえない。それはまた明らかに、自分が一員であると考える集団に対する一体感や帰属意識にも影響を及ぼす。私がここで述べてきた疑念は、人間の知覚と行動に文化が及ぼす基本的な重要性を認識することについてではない。懸念するのは、文化が社会的な窮状を招く、中心的で容赦なく完全に独立した決定要因として、ときにやや独断的に見なされている、そのやり方である。

文化的アイデンティティは非常に大切なものだが、われわれの理解や優先順位を左右するその他の影響から、それだけが完全に別個の超然としたものとして存在するわけではない。文化が人間の生活や行動に及ぼす影響を認める一方で、いくつもの条件をつける必要がある。第一に、文化は重要だが、われわれの生活やアイデンティティを決定するうえで、それだけが重大な意義をもつわけではない。それ以外の階級や人種、性別、職業、政治信条などもまた重要であり、強い影響力をもちうる。

第二に、文化は均質の属性ではない。一般的な同じ文化環境のなかですら、実に多くのばらつきがありうるのだ。たとえば、現代のイランには保守的な高位イスラム法学者《アーヤトッラー》もいれば、急進的な反体制派もいる。それはちょうどアメリカにも、新生《ボーン・アゲイン》キリスト教徒と熱心な無神論者の双方を（その他もろもろの思想や行動の派閥とともに）受け入れる余地があるようなものだ。文化決定論者は、「一つの」文化と考えられているものの内部にある不均一性の度合いを過小評価していることが多い。調和しない声は総じて外部から入ってくるのではなく、「内部」にある。また、文化のどの側面を選ぶかによって（たとえば、宗教に注目するのか、文化や音楽なのかしだいで）、関連する内部および外部の関係について、かなり異なった状況が浮かびあがるだろう。

第三に、文化は不変ではない。日本や韓国が経てきた教育改革が文化面でも深い意味合いをもっていたことを簡単に思い起こすだけで――たいがいは――公共の議論と政策に結びついた変化の重要性が明らかになった。文化が不変だという思い込みは――明示的であれ暗示的であれ――どんなものも、多大な誤解を招くものである。文化決定論に頼りたくなる誘惑はおおむね、高速で進む船を文化の錨でつなぎとめようとするような望みのない形態をとる。

第四に、文化は社会的知覚や行動など、その他の決定要因と相互に関連している。たとえば経済のグローバル化によって、貿易が盛んになるだけでなく世界各国の音楽や映画も入ってくる。文化をその他の影響とは関係のない、孤立した影響力として見なすことはできないのだ。孤立状態にあるという仮定——しばしば暗に引き合いに出されるが——は非常に誤解を生むものだ。

最後に、文化的自由と文化保護の尊重の考え方を区別しなければならない。前者はわれわれの優先事項を保持したり変えたりする自由に焦点を絞る（より広い知識や深い洞察だけでなく、ついでに言えば風俗習慣を変えることをどう受け止めるかに対するわれわれの評価にもとづいた）ものであり、後者は多文化主義のレトリックのなかで大きな争点になっている（しばしば欧米諸国への新たな移民が伝統的な生活様式を継続することを支持する）ものである。文化的自由を人びとが尊重してしかるべき人間の潜在能力の一つに含めることに関しては、間違いなく強く弁護すべきだが、文化的自由と多文化主義の優先事項のあいだの正確な関係については、よく検討する必要もある。[11]

## 多文化主義と文化的自由

近年、多文化主義は重要なものとして、より正確に言えば力強いスローガンとして（その潜在的な価値はさほど明確でないため）多くの支持を得てきた。一つの国または地域内に異なった文化が同時に繁栄することは、それ自体が重要なことと見ることができる。だが、多文化主義は往々にして、こうした状況こそが文化的自由の要求するものだということを根拠に提唱される。この主張については、さらに検証する必要がある。

文化的自由の重要性は、あらゆる形態の文化遺産を称賛するものとは区別されなければならない。関係する人びとが批判的に見直す機会や、ほかの意見および実際に存在する選択肢について十分な知識を与えられても、そうした特定の慣習をやはり選ぶのかどうかということを考慮しなければならない。社会的営みや人間開発において、文化的要素が果たす重要で広範な役割については、近年多くの議論があった。にもかかわらず、その論点はどうしても、明示的にも暗示的にも、文化保護の必要性（たとえば、地理的に欧米諸国に移動したものの、必ずしもその国へ文化的に適応できるとは限らない人びとが保守的な生活様式を遵守し続けることなど）へと向けられがちだった。文化的自由に含まれるさまざまな優先事項には、人びとが――とりわけ若者が――生き方を変える理由を見出したとき、過去の伝統を無意識のうちに是認することに疑問を投げかける自由もあるだろう。

人間の意思決定の自由が重要であれば、その自由を理性的に実践した結果は尊重しなければならず、疑問をはさむことなく続けられてきた先例によってそれが否定されてはいけない。この重要なつながりには、代替案を検討し、どんな選択肢をとりうるか理解し、なにを要求できるのか判断する能力が含まれる。

もちろん、特定の共同体の人びとが自由意志で選択する伝統的な生活様式の追求を社会が許さないのであれば、文化的自由が侵されうることは認識すべきだ。実際、特定の生活様式――同性愛者や移民、特定の宗教団体などの――に対する社会的抑圧は、世界の多くの国々に見られることだ。ゲイやレズビアンも異性愛者と同じように生きるべきだとか、人目を避けて暮らすべきだと主張することは、画一性を強要するにとどまらず、選択の自由も否定している。多様性が認められないのであれば、多くの選択肢は実現不可能になる。多様性を認めることは実際、文化的自由にとって重要なことなのだ。

文化的な多様性は、個人が（昔から続く伝統に縛られることなく）生きたいように生きることを許され、奨励されるのであれば、促進されるかもしれない。たとえば、食習慣や音楽など、民族によってさまざまに異なる生活様式を追求する自由は、文化的自由を実践したまさしくその結果、社会をより文化的に多様にするだろう。この場合、文化的多様性の重要性——じつは有益なもの——は、文化的自由の価値から直接に生まれるだろう。多様性は自由による結果と考えられるからだ。

多様性はまた、直接には関係しない人びとの自由を促進するうえでも役立つだろう。たとえば、文化的に多様な社会は千差万別な経験を示すことによって、結果的にだれもがそれを享受できるようになり、ほかの人びとにも恩恵がもたらされるようになる。一例をあげると、アフリカ系アメリカ人の音楽の——アフリカから伝わり、アメリカで発達した——豊かな伝統は、アフリカ系アメリカ人の文化的自由と自尊心を高めるのに役立ったばかりか、あらゆる人びと（アフリカ系アメリカ人であろうがなかろうが）の文化的な選択肢を広げ、アメリカどころか、実際には世界の文化のあり方を豊かにした。

それでも、われわれの関心が自由（文化的自由を含めて）にあるならば、文化的多様性の意義は無条件のものにはなりえず、それは人間の自由と、人びとの意思決定に自由が果たす役割との因果関係しだいで、その都度変化しなければならない。実際のところ、文化的自由と文化的多様性の関係は、必ずしも建設的なものであるとは限らない。たとえば、文化的多様性を保つための最も簡単な方法は、状況によっては、ある時点においてたまたま存在していた既存の文化的慣習をすべて継続させることとなるかもしれない（たとえば、新たにやってきた移民は昔ながらの決められた方法や慣習の継続をうながされ、なんら行動様式を変えないように直接的にも間接的にも勧められるなど）。これはつまり、文化的多様性を保つために、われわれは文化的保守主義を支持し、人びとにそれぞれの文化的背景に固執するよう求めるべきであり、たとえ新たな生活様式に移行する正当な理由があっても、そんなことは考えまいとすべきだという意味だろうか？　それによって選択の余地を奪うのであれば、われわれはたちまち自由に反対する立場に立つはめになる。つまり、多くの人びとが望むような新たな生活様式の選択をはばむ方法や手段を探ることになるのだ。

たとえば、欧米諸国に暮らす保守的な移民家庭では、若い娘たちが社会の多数派の自由な生活様式をまねるのではないかという恐れから、年長者に厳しく監視されるかもしれない。そうなると、多様性は文化的自由を犠牲にして達成されることになる。最終的に重要なものが文化的自由なのであれば、文化的多様性はそのときどきの条件つきで尊重されなければならない。したがって、多様性の利点は、その多様性がまさにどのようにもたらされ、維持されているのかによって変わってくるはずだ。

それどころか、文化的多様性こそ異なった集団が継承してきたものだという理由から、これを擁護することは、明らかに文化的自由にもとづいた主張ではない（そうした論拠はときとして、あたかも「自由を促進する」議論であるかのように示されるが）。特定の文化に生まれついたことは、当然ながら文化的自由の実践ではないし、ある人が単に生まれながらに刻印されたものを保護することは、それ自体が自由の実践にはとうていなりえない。人びとに実際に自由を実践する機会を与えるか、少なくとも選択の機会があればそれがどのように実践されるかを入念に見極めるか、そのいずれもなければ、なにごとも自由の名のもとに正当化することはできない。社会的な抑圧が文化的自由の否定となりうるように、自由の蹂躙は、共同体の構成員にほかの生活様式を選びにくくさせる大勢順応主義《コンフォーミズム》の横暴からもまた、もたらされるのである。

## 学校、論理的思考、信仰

自由の否定は、ほかの文化や別の生活様式に対する知識や理解の不足からも起こりうる。ここで問題になる主要な論点を説明すると、現代のイギリスが、国内に住む背景や出身の異なる人びとにおおむね与えることに成功した文化的自由を称賛する者（筆者もその一人だが）ですら、イギリスで公費補助の宗教学校が拡充される公的な動きについては相当な懸念を抱きうるということである（このことは第1章で簡単に触れたとおりである）。

公費補助を受ける既存の宗教学校の数を減らすのではなく、それにさらに別な学校――すでにあるキリスト教系の学校に加えて、イスラム教、ヒンドゥー教、シク教の学校——を追加すれば、子供たちに磨きをかける機会を与えられたはずの論理的思考の役割を減らすことになるだろう。しかも、これは異なった人びとや集団を理解する視野を広げる必要が大いにあり、理性にもとづく意思決定の能力がことさら重要なこの時代に起きているのだ。新しい宗教学校が、人生における優先事項を決めるうえで理性にもとづく選択の能力を育む機会をあまり与えないのであれば、子供たちに課せられた制約はとりわけ深刻なものになる。そのような学校はまた往々にして、生徒に自分たちのアイデンティティを構成するさまざまな要素（それぞれの国籍や言語、文学、宗教、民族、文化史、科学的関心事など関連するもの）をどう優先すべきか、自分で決める必要があることに気づかせるのを怠っている。

これはなにも、こうしたイギリスの新しい宗教学校における偏見の問題（および狭量な見方を故意に助長すること）が、たとえば、パキスタンにおける原理主義のマドラサ〔イスラム神学校〕のように極端なものだと言っているわけではない。マドラサは世界の緊迫した地域で、不寛容と暴力、そしてしばしばテロリズムの温床の一部となってきた。しかし、たとえイギリスでも、このような新しい宗教学校では、もっと多様な生徒が集まる、さほど辺鄙でない場所にある学びの場に比べれば、理性を培う機会も、吟味された選択の必要性を認識することも、まだはるかに少ないだろう。実際の機会は、伝統的な宗教学校に比べても、少ないことが多い。伝統的に幅広いカリキュラムが組まれ、宗教教育そのものに対するかなりの疑念にも寛容なキリスト教学校と比較すれば、なおさらである（こうした古い学校でも、現状よりもはるかに制約をなくすことはできるのだが）。

イギリスにおける宗教学校寄りの動きは、イギリスを、この国に住み多様な違いをもつ人間の集合体としてではなく、「共同体の連合」として考える特定の見方も反映している。つまり、宗教と共同体にもとづく違いなど、各人の多様な違いの一部（言語や文学、政治、階級、性別、場所などの特徴とともに）にすぎないとする発想とは異なるものだ。まだ論理的思考や選択の機会が十分に与えられていない子供たちを、一つの特殊な分類基準によって柔軟性のない枠組みのなかに押し込めて、「それがあなたのアイデンティティで、この先も得られるのはこれだけですよ」と告げるのは公平ではない。

二〇〇一年に私はイギリス学士院で年次講演をする機会をいただき（「ほかの人びと」と題するものだった）、この「連合的」な手法には非常に多くの問題があり、とりわけイギリスにいる移民家庭からの子供たちが人間の潜在能力を開発する機会をいちじるしく失わせやすいということを主張した[12]。それ以降、イギリスで生まれながら、社会から非常に疎外された若者が引き起こしたロンドンの自爆テロ事件（二〇〇五年七月）によって、イギリスにおける自己認識とその育成の問題には新たな次元が加わることになった。しかし、連合的な手法の基本的な限界は、考えられるテロとの関連をはるかに超えたものだと私は主張したい。いま問題にされているのは、われわれに共通する人間性の議論をする重要性ばかりではない。これに関しては、学校がきわめて重大な役割を担うことができる（過去には実際よく担っていた）。それに加えて、人間のアイデンティティは多くの異なった形態をとりうるのであり、人は自分をどう見なすべきか、特定の共同体の一員として生まれたことに、どれだけの重要性を付与すべきか決めるうえで、論理的思考を用いなければならないのだと認識することが大切である。本書の最後の二章で、この問題について立ち返りたい。

教区学校でも宗派別でもない学校が、論理的思考（批判的な検証を含む）の及ぶ範囲を減らすのではなく広げることの重要性は、強調して余りある。シェークスピアもこれについて懸念を表明している。「生まれながらにして偉大な人もいれば、努力して偉大になる人もいるし、偉大であることを強いられる人もいる」。子供の学校教育においては、将来のある若者が弱小であることを強いられることがないように計らわなければならない。多くのことが、この点にかかっているのである。

# 第7章　グローバル化と庶民の声

この世界は目を見張るくらい裕福である一方で、悲惨なほど貧しい。現代の暮らしには先例のない贅沢さがあり、われわれがいま当たり前のこととして自由に利用する資源、知識、科学技術は、祖先たちには想像しがたいものだったろう。しかし、われわれの時代はまた、恐ろしく貧しく、愕然とするほど困窮化した世の中でもある。驚くべきほどの数の子供たちが、粗末な食べものや着るものに甘んじ、不当な扱いを受けており、読み書きもできず、必要以上に病気になっている。毎週、根絶できる病気や、少なくともむやみに死なずにすむ病気から、何百万人もが命を落としている。生まれた場所しだいで、子供たちは贅沢三昧に暮らす手段や便宜を手に入れることもあれば、絶望的に貧しい人生を送らざるをえないこともある。

与えられる機会が人によって異なり、はなはだしく不平等であるため、グローバル化がはたして弱者に利益をもたらしうるのかという疑念が膨らんできた。実際、いわゆる反グローバル化活動家の抗議運動スローガンには、かたくなな不満がよく反映されている。そもそもグローバルな関係は相互支援的なものではなく、対立し、敵対するものだという理論に動かされ、運動家はグローバル化がもたらした〔人類への〕報いに見えるものから、世界の弱者を救いたいと願っている。グローバル化への批判は、シアトルやリシントン、ケベック、マドリッド、ロンドン、メルボルン、ジェノヴァ、エディンバラなど世界各地で繰り返し起きるデモにおいて大声で叫ばれているだけではない。こうした懸念は、はるかに多数の人びとからも共感を寄せられている。激しいデモには参加したくないが、運命による極端な不均衡はやはり不公平であり、非難すべきものだと感じる人びとだ。このような不平等の実態に対して、〔地球市民としての〕グローバルなアイデンティティが生みだすとされるどんな道義的な力も、まったく機能していないと見なす人もいる。

## 庶民の声、真相、および公共の論理

本章では、貧困や格差のある生活を、社会、政治、経済の制度的な失敗ではなく、グローバル化による報いだと考えるのは間違いだということを主張したい。このような失敗はまったく偶発的に生じたものであり、世界が身近になったことに必然的にともなうものではない。とはいえ、いわゆる反グローバル化を掲げる批判も、検討し評価すべきいくつもの重大な疑問を公共の議論に突きつけるうえで、積極的かつ重要な貢献を果たすことができる――実際たびたび果たしている――ことも、私は主張したい。原因を真摯に分析しようとして、どこか対象を誤ることはあるかもしれない。それでも、たしかに存在する深刻な問題を克服するためになにをなすべきか、そこから啓発的な探究が始まるきっかけをつくることにはなる。

四〇〇年前（一六〇五年）にフランシス・ベーコンが『学問の進歩』という論文で述べたように、「疑問を心にとどめ、呈することには二重の用途がある」。一つ目の用途は単純明快なものだ。つまり、「間違いに対して」備えることだ。二つ目の用途は、ベーコンによれば、探究のプロセスを始め、進めるうえで疑問が果たす役割に関するもので、それにはわれわれの理解を深める効果がある。「干渉されなければ、軽々しくあしらわれがちな」問題でも、まさしく「疑念の干渉」によって「一心に、注意深く観察される」ことになる、とベーコンは述べた(1)。

たとえ、若くて騒々しい反対運動家が使うスローガンなどは、より疑いの目で見る余地があったとしても、グローバル化とグローバル経済の本質に対して真剣に疑問を投げかけることには、弁証法的な論理が建設的に形成されるのを促す効果がある。グローバルな経済関係がもたらす有害とされる結果は、反グローバル化の視点を要約するような人目を引く見出しを生みだしており、それに対して懸念を抱くのは当然かもしれない。おそらく反対運動家が表沙汰にする——実際よくそうする——重大な問題について十分に吟味することは必要であり、このこと自体がきわめて重要な貢献となっている。実際、このようにして始められる議論は、重要な問題に関してグローバルな公共の論理を展開させる基礎となりうる。民主主義とはそもそも（第3章で述べたように）公共の論理に関するものであり、このような「グローバルな懸念」から生じた議論は、一種の（必然的に原始的な）グローバル民主主義の実践に向けて、初歩的ながらおそらく重要な貢献として見なせるだろう(2)。

## 批判、庶民の声、グローバルな連帯

これから、反対運動家やグローバル化に懐疑的な人びとが投げかけた実際の懸念について話を進めたい。さらに、グローバル化を擁護する人びとによる反対意見も検討する必要があるだろう。しかしそのまえに、こうした議論において――明示的にも暗示的にも――かかわってくるグローバルなアイデンティティの本質について、簡単に述べたい。グローバル化を全般的に批判する人びとのなかには、自分たちが力説するのは、非情な世界におけるグローバルな連帯意識の嘆かわしい欠如なのだと考える派もある。たしかにひどく悲惨な国際問題に対処するうえで、実際にグローバルな倫理観が明らかに欠けていることは憂えて当然のことだ。

しかし、われわれは本当に倫理とはかけ離れた世界に住んでいるのだろうか？　グローバルな連帯感が本当にあまり中身のないものならば、なぜ世界中のこれほど多くの人びとが（「反グローバル化」を唱える抗議者およびその他大勢の人びとを含め）世界の現状にこれほど憤りを感じ、不利益をこうむる不遇な人びとの待遇改善を熱心に――声高にも――主張しているのだろうか？　抗議する人びと自身も、世界各地からやってくる。彼らは単にシアトルやメルボルンやジェノヴァやエディンバラの地元の住民ではない。反対派は世界の人びとを苦しめる深刻な不正や不平等と考えられることについて、協力して抗議しようとしている。

グローバルな帰属意識などなく、地球全体で見た不公平さになんら関心がなければ、世界のそれぞれの場所に住む人びとが、別の場所に住む人びとがひどい仕打ちを受けている事実を、なぜ憂慮しなければならないのだろうか？　抗議運動が表明する（ときとして、たしかにかなり乱暴な意見表明にもなるが）地球規模の不満の声は、グローバルなアイデンティティ意識が存在し、グローバルな倫理に対する関心もあることの証左と見なすことができる。

ここで、「反グローバル化」という表現が、その名称で表される不満の本質を説明するうえでなぜ不適切なのかを論じなければならない。しかし、それをなんと呼ぼうと、国境を越えて広がる不満そのものは、その関心のテーマという観点からも（そこで暗に示される人道的な倫理や包括的な政治を含め）、その不満が世界各地で生む幅広い関心と関与という形態においても、グローバルな大規模現象である。

このような関心の根底にある幅広いアイデンティティ意識は、国籍や文化、共同体、宗教の境界をはるかに越えるものだ。これほど多くの人を動かし、世界の人びとを分断する不公平さと彼らが見なすものに立ち向かわせる、きわめて包括的な帰属意識はとうてい見逃せない。それどころか、いわゆる反グローバル化による批判こそおそらく、今日の世界において最もグローバル化した倫理運動なのである。

## 知的な連帯

　こうしたことはいずれも、反グローバル化による批判がテーマとして掲げる問題に、真剣に耳を傾けることの重要性を高める。グローバル化は、現代の世界で最も論じられている話題の一つだが、その概念は必ずしもうまく定義されたものではない。多種多様な地球規模の相互関係がグローバル化という広義の概念のもとに集約されており、それらは国境を越えた文化や科学の影響の広がりから、世界各地への経済、商業関係の拡大まで多岐にわたる。グローバル化を見境なく拒絶すれば、グローバル・ビジネスに反対するだけでなく、世界で最も不遇な人びとを含め、地球上のあらゆる人びとに役立つ考えや理解、知識の伝播も阻害することになる。したがって、グローバル化を丸ごと否定することは、きわめて逆効果なものになりうるのだ。反グローバル化の抗議運動で用いられるレトリックで、一緒くたになって表明される異なった疑問は、ぜひとも選別する必要がある。たとえそれぞれの土地の「ローカルな知識」にいろいろな重要性があっても、知識のグローバル化はとりわけ十分に認識されてしかるべきだ。

　グローバル化はジャーナリズムにおいても、驚くほど多くの学術論文においても、往々にして西洋化のプロセスとして見なされる。それどころか、この現象に楽観的な――称賛的ですらある――見解のなかには、それを西洋文明による世界への貢献と考えるものすらある。実際、このもっともらしい解釈に沿ってうまく型にはめられた歴史もある。すべてがヨーロッパで起きたとするもので、ルネサンスに始まり、啓蒙主義から産業革命へと移行し、それによって西洋では生活水準が飛躍的に向上した。そして、いまや西洋のこれらの偉大な功績は世界各地に広がっている、という解釈だ。こうした見地からすれば、グローバル化は単によいものであるだけでなく、西洋から世界への贈り物でもある。歴史をこのように解釈する人は、このすばらしい慈善行為が多くの人びとから災いとして見なされていることに憤慨しやすい。また、西洋が世界に寄与したきわめて有益な功績が、恩知らずな非西洋世界から拒絶され酷評されていることにも、憤りを感じているのである。きちんと型にはまった話によくあるように、こうした説にもわずかばかりの真実があるのだが、そこにはまた多くの幻想もある。そして、その幻想は偶然にも、世界の人びとのあいだに偽りの溝を広げるのだ。

これとは別の——ある意味ではその「反対」の——説もあり、こちらもまた注目を集め、人びとの関心をあらぬ方向へそらす役割を担っている。この見方は、グローバル化の中心的存在として西洋の支配を認めるが、グローバル化に関連した不快な特性を西洋のせいだとするものだ。こうした批判では通常、グローバル化の「西洋的」とされる特徴がきわだって有害なものとされる（これは現在行われている抗議運動のレトリックに容易に見られる）。実際、グローバル化は西洋支配と深く関係すると見なされることもあり、西洋帝国主義の延長線上にあるとすら言われている。反グローバル化運動は場所によって関心事や優先事項に違いがあるものの、西洋支配に対する憤りがこうした抗議運動の多くで重要な役割を果たしているのは間違いない。反グローバル化運動の随所に、「反西洋」的な要素は明らかに見られる。さまざまなタイプの非西洋的アイデンティティを称賛するなかには（第4章から第6章で論じたように）、宗教に関連するもの（イスラム原理主義など）もあれば、地域（アジア的価値観など）や文化（儒教倫理など）に関するものもあり、こうした傾向は地球全体に広がる分離主義の火に油を注ぐものとなる。

これらの見解を批判的に検証するにあたり、こう問いかけることができる。「グローバル化は本当に、西洋がもたらした新しい災いなのか？」この問いに対し、一般にグローバル化は新しくもなければ必ずしも西洋のものでもなく、災いでもない、と私は主張したい。むしろ、グローバル化は何千年ものあいだ旅行、交易、移住、文化的影響の伝播、知識と理解の普及（科学と産業技術に関するものを含め）を通じて、世界の発展に貢献してきたのだ。このような地球規模の交流はおおむね、世界のさまざまな国を進歩させるうえで多くの利益を生んできた。そして、グローバル化の積極的な担い手は、ときには西洋から遠く離れた場所にいることもあった。

このことを説明するために、過去一〇〇〇年間の末期ではなく、初期までさかのぼることにしよう。西暦一〇〇〇年ごろ、科学や産業技術、数学が地球全体に広がっていったことで、旧世界の本質が変わっていったが、この時代の伝播はだいたいにおいて、今日われわれが見ているものとは逆方向に進んでいた。たとえば、西暦一〇〇〇年の世界における先端技術には、時計、鉄鎖のつり橋、凧、羅針盤、紙と印刷術、石弓、火薬、手押し車、回転送風機などが含まれていた。一〇〇〇年前の世界の先端技術だったこれらの例はいずれも、中国で確立され、広く利用されていたものであり、ほかの地域ではほとんど知られていなかった。グローバル化によって、こうした発明はヨーロッパを含む世界各地へ広がった。

トマス・カーライルは『さまざまな批評文』のなかで、「近代文明の三大要素」は、「火薬、印刷術、およびプロテスタントの信仰」だと主張している。中国人をプロテスタント主義の開祖として称えること——もしくは非難すること——はできないが、カーライルがあげた三つの文明的要素のうち、中国はそのうちの二つ、すなわち火薬と印刷術に貢献している。しかし、これも一六二〇年にフランシス・ベーコンが『ノヴム・オルガヌム』で述べた文明の要素のリストに、「印刷術、火薬、および羅針盤」と、総じて中国の貢献があげられていることに比べれば、やや偏りが見られる。

第3章でも論じたように、同様の動きは東洋が西洋の数学に与えた影響においても見られた。十進法は二世紀から六世紀のあいだにインドで生まれ、発達し、その後アラブの数学者が普及させた。南アジアや西アジアにおける数学と科学の発達は、アールヤバタ、ブラーマグプタ、アル・フワーリズミーなどの輝かしい知識人が先鞭をつけたものだ。これらの研究結果はおもに一〇世紀末にヨーロッパに達し、その後の一〇〇〇年間の早い時期に大きな影響力を持ち始めた。グローバル化の担い手のアイデンティティについて言えることがあるとすれば、そのアイデンティティは西洋だけのものでもなければ、地域的にヨーロッパに限られているわけでもなく、必ずしも西洋支配に関連したものでもないのである。

## 地方派とグローバル派

思想や慣習のグローバル化は「西洋化」をともなっているので、食い止めなければならないという誤解は、植民地時代や脱植民地化の世界でもすでに、かなり時代に逆行する働きをしていた（第5章でも若干触れたとおりである）。こうした誤解は地域的な狭い見方を生み、国境を越えた科学や知識の進歩も遅らせる。実際、そのような考えはそれ自体が無益であるだけでなく、非西洋社会が墓穴を掘り、その貴重な文化を埋没させるうえでまたとない方法にもなりうるのだ。

この「地元優先的」な見解に見られる、妙に反動的な本質について説明したい。一九世紀のインドで、科学や数学分野における西洋の考えや概念を使うことに抵抗があった事例を考えてみよう。英領インドで起きたこの論争は、西洋の教育に専念すべきか、それとも（まるでこれがそれに代わる唯一の選択肢であるかのように）インド固有の教育に重点を置くかをめぐる大論争の一環となり、両者は歩み寄る余地のないものと見なされていた。T・B・マコーリー――一八三五年にインドの教育について非常に影響力のある「覚書」を書いた畏怖すべきイギリス人行政官――のような「西洋化推進論者」は、インドの伝統にはなんの利点も見出さなかった。彼の説明によれば、「ヨーロッパのよい図書館の書棚一つ分の書物だけでも、インドとアラビアに昔からある文献すべてを合わせたよりも価値がある。［インドの言語と伝統を擁護する］人びとのなかで、これに対して異を唱えられる人物に一人として出会ったためしがない」[3]。在来の教育を支持する人は、仕返しの意味合いも込めて、西洋から入ってきたあらゆるものに抵抗し、伝統的な学問とインド古来の教育を選んだ。だが、どちらの側も、それぞれ排他的な手法が必要だと大いに認めていたようだ。

ところが、文化や文明間の相互関係を考えれば、こうした思い込みは分類上でなんともやっかいな問題を生じやすい。国を越えた幅広い関係の本質を如実に示す例は、西洋の三角法からインドに「サイン」という用語がじかに入ってきた事実に見ることができる。その近代の用語（つまり、「サイン」）は、一九世紀なかばにイギリスから直接入ってきて、古いサンスクリットの概念にとって代わることになり、これもまたアングロ・サクソンによるインド文化への新たな侵略と見なされていた。

だが、実に興味深いことに、「サイン」は実際にはまさにインドから生まれたもので、きわめて重要な三角法の概念を表すサンスクリット語のれっきとした名称から、さまざまな変遷を遂げたものなのだ。実際、概念や専門用語の伝播から、歴史的な――そして明らかに「近代以前」の――思想のグローバル化の本質が見えてくる。五世紀のインドの数学者アールヤバタは「サイン」の概念を発展させ、幅広く利用した。彼はそれをジャ・アルダと呼んだが、それはサンスクリット語で文字どおり「弦半」を意味する。そこからこの用語は、ハワード・イヴが『数学の歴史』で描いているように、興味深い移動を始めるのである。

アールヤバタはそれを「アルダ・ジャ（半弦）」および「ジャ・アルダ（弦半）」と呼び、のちにただ「ジャ（弦）」と言ってこの語を短縮した。「ジャ」は、アラブ人によって音声学的に「ジバ」となり、母音を省くアラビア語の慣習に従って、それは「·jb」と書かれるようになった。「ジバ」という言葉は、その専門的な意義を除いては、アラビア語ではなんら意味がない。意味のない「ジバ」という言葉の略字である「·jb」に遭遇した後世の著述家は、代わりに「ジャイブ」という言葉をあてがった。これは同じ文字（·j·i b aジバ／j a·i bジャイブ」を含み、「入り江」や「湾」を意味するきちんとしたアラビア語の言葉でもある。さらに時代を経たのちに、クレモナのジェラルド（一一五〇年ごろ）がアラビア語から翻訳した際に、「ジャイブ」をラテン語でそれに相当する「シヌス」「入り江もしくは湾を意味する」に置き換え、そこから今日の「サイン」という言葉が生まれた(4)。

世界の歴史では文化的および知的な相互のかかわりがあったことを考えると、なにが「西洋」であり、なにがそうでないかを区別するのは困難だろう。実際、アールヤバタの「ジャ」は中国では「明」と訳され、「月漸亮明」――文字どおり訳せば「月齢周期の正弦」――のように、広く一般に使われる表にも使われていた。マコーリーが世界の思想史をもう少し理解していたならば、彼があれほど称賛したヨーロッパの書物の「一つの書棚」以上に、視野を広げざるをえなかっただろう。マコーリーに対抗してインド主義を主張する人びともまた、西洋の書棚にそれほど不信を抱く必要はなかっただろう。

実際、かりにヨーロッパが一〇〇〇年前に中国、インド、イランやアラブ世界から入ってきた数学、科学、産業技術のグローバル化を拒んでいたならば、ヨーロッパは経済的にも、文化的にも、科学的にもはるかに貧しくなっていただろう。そして、同じことが今日でも、逆方向ながら当てはまるのである。科学や産業技術のグローバル化を、それが西洋の帝国主義(一部の抵抗運動家が言うように)だからという理由で拒むことは、いわゆる西洋の科学や産業技術の陰にたしかに存在する世界の貢献――世界のさまざまな地域からもたらされたもの――を見逃すだけではない。知恵のやりとりから全世界がどれだけの利益を得られるかを考えれば、そのような態度は実際面でもかなり愚かな選択であるといえよう。この現象を思想や信条面における帝国主義やヨーロッパの植民地主義(反対運動でよく言われるように)と同一視することは、取り返しのつかない深刻な間違いになりかねない。同じことは、一〇〇〇年前にヨーロッパが科学や数学における東洋からの影響を拒否していた場合にも言えるだろう。

グローバル化には実際に帝国主義とつながる問題もあるという事実は、もちろん見落としてはいけない。征服、植民地支配、外国人による統治、そして被支配者の屈辱の歴史は、今日もさまざまなかたちで重大な問題であり続けている(これに関してはとくに第5章で論じた)。しかし、グローバル化をおもに帝国主義の特性だと考えるのは、大きな間違いだろう。グローバル化はそれよりもずっと大きい――とてつもなく壮大な――プロセスなのである。

## ▒経済のグローバル化と不平等

だが、グローバル化に反対する人びとは、いくつかの異なった陣営に分かれており、「経済のグローバル化」への反対者のなかには、思想（科学や文学を含む）のグローバル化については、それがなんであれ問題にしない人もいる。彼らの見解は、十分に注意を傾ける必要があるし、たしかに無視するわけにはいかない。なにしろ、科学や産業技術や相互理解のグローバル化は世界に大きく貢献してきたのであり、経済のグローバル化に批判的な人びとも、この点に関しては否定しえないだろう。

しかしえてして、経済のグローバル化によって達成された多くの功績も、世界各地に見ることができる。グローバルな経済が、日本、中国、韓国、それに程度の差こそあれブラジルからボツワナまで、世界各地のかなりの国々に多くの物質的な繁栄をもたらしたことは、見落としようがない。数世紀前まで、世界はいたるところに貧困が蔓延しており、めずらしく豊かな場所がわずかに存在する程度だった。当時の人びとの人生はほぼ押しなべて、トマス・ホッブズが一六五一年に古典的著書『リヴァイアサン』で述べたように、「不快で、野蛮で、短い」ものだった。その貧困を克服するうえでは、国家間の経済関係の拡大だけでなく、発展に向けた経済的刺激策や近代的な生産方法の導入がきわめて影響力をもち、役に立ってきた。

世界の貧しい人びとが、現代の産業技術がもたらす大きな利益や、貿易や取り引きの貴重な機会、さらに閉鎖された社会ではなく開かれた社会で暮らすことによる経済的かつ社会的な利点を享受できないようにすることによって、彼らの生活水準がより急速に向上するとは考えにくい。いちじるしく困窮した国の人びとは、現代の科学技術の産物（エイズの治療薬などをはじめとする新薬の利用など。こうした新薬は欧米諸国のエイズ患者の人生を一変させている）を強く求めている。彼らは砂糖から繊維製品まで、多様な商品を売るために豊かな国の市場へ参入するより多くの機会を求めている。彼らはまた、世界情勢においてもっと多くの発言力をもち、注目されたいと望んでいる。グローバル化の結果に対する不信感があるとすれば、それは苦しむ人びとが殻のなかに閉じこもりたいと願っているからではない。

むしろ、今日われわれが直面する実際的な課題のなかには、経済的関係や技術革新、政治的な機会がもたらす多大な恩恵を、貧困者や弱者の利益に十分な関心が払われるかたちでどううまく利用できるかという問題がとりわけ含まれる。これは実際には、グローバルな経済関係を一蹴するかどうかの問題ではなく、グローバル化による莫大な恩恵をいかにして公平に分かち合うかということなのだ。「反グローバル化」運動ではこの用語が使われているが、非難すべきいちばんの問題は、グローバルな経済関係を解消することとの成果とされるものではなく、むしろ現実に執拗に存在する世界のいちじるしい不平等と貧困に関するものでなければならないはずだ。

## グローバルな貧困とグローバルな公正さ

それでは、世界の不平等と貧困についてはどうなのだろうか？　いわゆる反グローバル化論者と、熱心な「グローバル化推進」論者の双方が――明示的もしくは暗示的に――言及する配分の問題は、批判的な目で検証する必要がある。実際、この問題はなぜか妙に的外れな問いによって注目されてきたために、議論が妨げられていると私は主張したい。

一部の「反グローバル化」運動家は、問題の核心は世界の金持ちはいっそう金持ちになり、貧しい人はいっそう貧しくなっていることだと主張する。これは決して一様にそうだとは言えないが（南米やアフリカではとくに、こうしたことが現実に起きているところもあるが）、重大な論点は、今日のグローバル経済における公正さと公平さに関する核心的な問題を理解するうえで、これが正しい方法なのかということだ。

他方で、グローバル化を熱心に擁護する人びとは、世界の貧しい人びとは概して（しばしば言われるように）より困窮化しているのではなく、むしろ貧困から脱しつつあることをよく引き合いに出して――それに大いに依拠して――いる。彼らはとりわけ、貧しくても貿易や取り引きに携わっている人は、いっそう貧しくなっているわけではなく、むしろ豊かになっていることに言及する。グローバル経済に加わることで彼らはより豊かになっているのだから、それゆえに（と主張は続く）グローバル化は貧しい人びとにとって不平等なことではない。「貧乏人も恩恵を得ている――いったいなにが不満なのか？」と。この問いの重要性を認めれば、こうした実証面を重視する議論では、すべてはどちらの側が正しいかを決める問題と化してしまう。「グローバルに活動する貧困者はより貧しくなっているのか？ 豊かになっているのか？（どちらなのか、明確に答えよ）」。

しかし、これが本来に問うべき問題なのだろうか？ まったくそうではないと私は主張したい。不公正の問題をこのように見ることには、二つの問題がある。一つ目は、怠慢《オミッション》と遂行《コミッション》の問題（この先に論ずる）を含めて、今日さまざまに存在するグローバルな制度を考えれば、多くの人びとにとってそもそもグローバル経済に参入することが困難であることに気づく必要がある。貿易で利益をあげている人びとにすべてが集中することで、何百万もの人びとが特権的な活動から排除された――事実上、歓迎されていない――ままにある。ここでは排除されることは、不平等なまま包括されるのと同じくらい重大な問題となる。そのような排除に対処するには、国内の経済政策（たとえば、国内で基礎教育や医療・保健、無担保の小口融資《マイクロクレジット》の制度を整えるなど）に抜本的な改革が必要だが、豊かな国を中心とした他国との交易政策にも改善が求められる。一つには、経済的により発展した国は、発展途上国から輸出された商品――農産物だけでなく繊維製品などさまざまな工業製品――をもっと積極的に受け入れるようにすれば、大きな変化を生むことができる。また、貧しい国の自由をこれほど制限している過去の負債を、人道的に――そして現実的に――処理する問題もある（近年、そのような方向で措置がとられ始めたことは非常に喜ばしい）(5)。さらに援助と開発支援という大きな問題もある。それに対する政治的見解はさまざまだが、こうした問題は決して注目に値しないものではない(6)。ほかにも取り組むべき問題は数多くあり、特許制度など、現行の法規定を見直す必要性なども含まれている（こうした問題については、あとでまた検討したい）。

しかし、二つ目の問題はより複雑であり、より正確な理解が必要とされる。たとえグローバル化した経済に関与した貧しい人びとが、わずかばかり裕福になりつつあったとしても、それは彼らが経済的な相互関係と、そこから生まれる莫大な可能性という恩恵の公正な分け前にあずかっていることを、必ずしも意味するわけではない。また、国際的な格差はわずかに拡大しているのか、それとも縮小しているのか、と問うことも適切ではない。現代の世界を特徴づける目を覆いたくなるほどの貧困と愕然とさせられる格差に対抗するには、あるいは国際協調がもたらす恩恵の分配の不公平に抗議するには、格差はひどく大きいだけでなく、わずかに広がっているなどと主張する必要はない。

さまざまな集団と異なったアイデンティティからなる世界における公正さの問題には、より深い理解が必要となる。協力することで利益が得られるときには、協力がない場合と比べ、それぞれの主体に多くの有益な選択肢が生まれる。利益の配分は、協力が必要な場合でも大きく変わることがある（これは「協力的対立」などと呼ばれる(7)）。たとえば、新しい産業を起こせば相当な利益が得られるかもしれないが、労働者、資本家、材料の売り手、商品の買い手（および消費者）、さらに関連する地域における歳入の増加から間接的に利益を得る人びとのあいだで、どのように利益を分配するかという問題は残る。こうした利益配分は、相対的な価格や賃金など、取り引きや生産を決める経済パラメーターによって左右される。したがって、利益の分配が公正なもしくは容認できる範囲のものなのか問うことが適切であり、単に協力がなかった場合と比べて、あらゆる当事者になんらかの利益があるかどうか尋ねても仕方がないのである（それならば、ほとんどの選択肢に当てはまるだろう）。

ジョン・ナッシュは数学者でありゲーム理論家でもある（シルヴィア・ナサーが書いたすばらしい伝記をもとに制作され、大成功を収めた映画『ビューティフル・マインド』のおかげで、いまや有名人にもなっている）。その彼が半世紀以上も昔に（一九五〇年に発表された論文で、一九九四年にノーベル経済学賞を授与された際にスウェーデン王立科学アカデミーが選考の対象とした著作の一つで）論じたように、肝心なことは、特定の取り決めが、なんら協力がない場合に比べてよいかどうかではない。それなら多くの選択肢について言えることだからだ。むしろ問うべきことは、考えうるさまざまな選択肢のなかで、代わりに選びうる方法を検討してみても、特定の配分が公正なのかどうかである。(8) 協力に関連した配分の取り決めが不公正だという批判（労使関係であれ、家庭内の取り決めや国際的制度であれ）に対し、協力がまったくない場合に比べて、すべての当事者がよくなっていることを指摘するだけでは、反論にはならない（「貧乏人も恩恵を得ている――いったいなにが不満なのか?」というような効果的とされる議論によく反映されている）。これは非常に多くの――ほとんど無限の――取り決めに当てはまることなので、本当の問題はそこにはない。

むしろ、あらゆる当事者のさまざまな利益配分において、考えうる多様な選択肢のあいだでどれを選択するかなのである。

この点は例えを用いて説明することができる。とくに不平等で男女差別の激しいある家庭内の取り決めが不公平だと主張するには、女性たちにとって家族などいないはうがむしろ幸せに暮らせることを示す必要はない（ならば、「これまでの家族形態が女性にとって不公平だと思うなら、なぜ家を出て暮らさないのか？」）。それが問題なのではない。家庭内でよりよい待遇を求める女性は、家庭を築かずに生きていく道を代案として示しているわけではないのだ。争点となるのは、家族制度内で利益を分かち合うことが、ほかにとりうる選択肢と比べて、既存の制度内ではひどく不平等なのかどうか、ということだ。グローバル化に関する多くの論争が的を絞ってきた問題、つまり、貧しい人も既存の経済秩序の恩恵をこうむっているのか、という問いは、評価すべき問題を評価するうえでは、まったく不適切な焦点なのである。代わりに問わなければならないのは、貧しい人びとも経済、社会、政治参加における格差を減らし、よりよい――より公正な――結果をうまく得ることができるのか、という点だ。そして、もしそうなら、国際的にも国内的にも、どんな改革がなされればそれが実現できるのか、ということである。本当に取り組むべき問題はここにある。

## より公正な可能性

とはいえ、そのまえにまず議論しておくべき問題がいくつかある。より平等でグローバルな取り決めは、グローバル化した経済・社会関係の制度を完全に覆すことなく実現できるものだろうか？とりわけ、グローバル化した経済・社会関係からさまざまな集団が得る取り決めが、グローバルな市場経済の利益を損なったり、台無しにしたりすることなく、改善できるのかという点を問わなければならない。反グローバル化の批判でよく暗に示されるように、その答えは否定的なものに違いないという確信は、グローバル市場をもつ世界の将来に暗い見通しを立てるうえで、重大な役割を果たしてきた。そして、いわゆる反グローバル化の抗議運動が好んでその名称を冠しているのも、それゆえなのである。これにはとくに、民間企業や公共の取り組み、あるいは非市場的な組織のどんな規則が市場の存在と結びついていようが、究極的な「市場の結果」というものが存在するかのような奇妙な共通の思い込みもある。そのような否定的な答えは、いまから究明するように、実際にはまったく間違っているのである。

市場経済の利用は、さまざまな所有形態や、資源の入手可能性、社会的制度、運営規則（特許法や独占禁止法、保険医療制度、所得補助金など）とも矛盾しない。そして、こうした条件しだいで、市場経済そのものがまったく異なった価格体系や交易条件、所得分配を生みだし、より一般的にも、まるで異なった総合的な結果をもたらすことになる。[9] たとえば、公立の病院や学校、大学が設立されるたびに、もしくはある集団から別の集団に資源が移動するたびに、市場の結果に反映される価格と量は必然的に変わる。市場は独自に機能しない――できない――のである。経済力や所有権の配分など、市場を支配する条件とは無関係に、究極的な「市場の結果」など存在しない。社会保障をはじめとする公的な介入制度を導入または改善することも、結果的に大きな違いをもたらすだろう。

中心となる論点は、市場経済を利用するのかどうかではないし、実際、そうはなりえない。そのような浅はかな問いなら答えるのは簡単だ。世界の歴史上、市場および市場に左右される生産条件を十分に活用することなく、上層階級だけにとどまらない、幅広い繁栄を成し遂げた例は、いまだかつてないからだ。広く全般にわたる経済的繁栄を、市場関係がもたらす取り引きや専門特化の機会を存分に利用せずに達成することは不可能だと結論することは難しくない。しかし、だからと言ってこのことは、市場経済の運営が多くの状況下で、明らかにいちじるしく不完全なものになりうるという基本的な事実を、なんら否定するものではない。なにしろ、集団によって消費されるもの（たとえば厚生施設）に対処する必要もあれば、（最近よく言われるように）市場経済の参入者のあいだの情報の非対称性――より一般的には不完全性――という問題もあるからだ。[10] たとえば、中古車を買う人は、それを売る持ち主に比べて、その車についてはるかに少ないことしか知らないので、取り引きの際はなかば無知なまま、とりわけ知識に格差があるなかで決断を下さなければならない。

こうした問題は重大で深刻だが、市場経済の機能を補う適切な公共政策を通じて対処することはできる。だが、経済発展の展望を大きく損なわずに、市場の制度をそっくり放棄することは困難だろう。

実際、市場を利用することは、実務的に話をすることと似ていなくもない。それをやめることは容易でないが、どんな話題を選ぶのかしだいで結果は大きく変わる。市場経済はグローバル化された関係のなかで独自に機能するわけではない。それどころか、ある一国の内部ですら、独自には機能しない。それは市場を含む総合的なシステムが、どんなことを実現できる状況にあるのかしだいで（たとえば物質資源がどう分配され、人的資源がどう育成され、どんな取り引き関係の規則が通用していて、どんな社会保険があり、技術的知識がどこまで共有されているかによって）、大きく異なった結果を生みだしうるという問題だけではない。こうした状況そのものもまた、国内外の経済、社会、政治の制度に大きく依存しているからである。

実証研究において十分に証明されてきたように、市場の結果の本質は、教育や識字能力、疫学、土地改革、無担保の小口融資《マイクロクレジット》の制度、適切な法的保護などに関する公共政策によっても、大きく影響される。そして、こうしたそれぞれの分野において、公的な行動を通じて行われるべき事柄があり、それは地域内およびグローバルな経済関係の結果を根本的に変えうるのである。世界経済を特徴づける不平等や格差を是正するために理解し、利用しなければならないのは、まさにこの種の相互依存関係なのである。市場関係のグローバル化そのものだけでは、世界を繁栄させるにはきわめて不十分なものになるだろう。

## 怠慢《オミッション》と遂行《コミッション》

世界のなかでより公平な経済と社会の取り決めをつくるにあたって、多くの難題に直面しなければならない。たとえば、グローバル資本主義が通常、民主主義の確立や、公教育の普及、あるいは社会の弱者のための社会的機会の向上などよりも、市場を優先していることは何度も立証されている。多国籍企業も第三世界における公共支出の優先順位にかなりの影響を及ぼし、低い識字率や医療不足をはじめとする、貧困者の抱える障害を取り除くことよりも、経営者や特権労働者の便宜をはかることを優先する方向に傾きがちだ。[11] 南米やアフリカ、およびアジアの一部で見られるこうした好ましくない結びつきには、面と向かって対処しなければならない。これらは公正な開発に対する乗り越えられない障壁となっているわけではないかもしれないが、乗り越えられる障壁であればそれを明確にし、実際に乗り越えることが大切である。

グローバル経済に依然として見られる不平等は、さまざまな制度上の失敗と深く関係しており、それらは克服しなければならない。正すべき重大な怠慢《オミッション》〔やるべきことをやらない過ち〕に加え、基本的なグローバル正義のために取り組まなければならない遂行《コミッション》〔すべきでないことをする過ち〕による深刻な問題もある。これらの問題は多くの研究で幅広く議論されてきた。[12] しかし、こうした問題のなかには、これまで以上に公共の議論のなかで注目すべきものもある。

なぜかあまり議論されてこなかったグローバルな「遂行」の一例は、第5章で論じたように、世界の強国がグローバル化された武器取り引きに関与していることとかかわっており、そのために深刻な窮状と長引く貧困が引き起こされている（近年、国際的に販売された武器の八五パーセント近くが、世界を主導する重要な役割を担うG8諸国によるものである）[13]。この問題は、現在あまりにも多くの関心を集めているテロリズムを抑制する必要性――これも非常に重要だが――にも増して、国際的な新たな取り組みを緊急に必要とするものである。

有害な「遂行」には、貧しい国からの輸出を妨げる規制だらけの――かつ非効率的な――貿易障壁も含まれる。もう一つ重要な問題は、不公正な特許法に関するもので、これは命を救うための薬――エイズなどの治療に必要なもの――の使用に、逆効果の障壁となりうる。こうした薬は通常、きわめて廉価に生産できるにもかかわらず、特許使用料のために市場価格は押し上げられている。医薬品の革新的な研究が途絶えるような経済状況をつくりださないことはたしかに重要だ。しかし実際には、研究をうまく促進しつつ、世界の貧困者が命にかかわる重要な薬を買えるようにする変動的価格設定をはじめ、賢明な妥協策は多数ある。貧困者がどのみち薬を買えないことが、製薬会社の研究開発意欲を増す誘因にはまずならないことを忘れてはならない。重要なのは、知的かつ人道的な方法で、グローバルな効率と正義の要求を十分に理解しつつ、効率中心の考えを公正さの要求と結びつけることなのである。

現在の――支配的な――逆効果を招いている特許制度は、新薬（繰り返し投与する必要のないワクチンなど）の開発、それもとくに世界の貧しい人びとに効果を発揮するだろう薬の開発に向けた医学研究を促進する効果もほとんどない。貧困者の場合、そのような医薬品のために高額を支払う能力はかなり限られているからだ。低収入の人びとにとくに役立つ医療革新を生みだすことに関して、経済的誘因が及ぶ範囲は実にわずかなものだろう。こうしたことは、薬学研究が高収入の人を対象にした方向にひどく偏っている事実によく反映されている。市場経済の本質や、その運営にどうしてもかかわってくる損益計算の役割を考慮すると、誘因の形態を大きく変えうる新機軸に専念する必要がある。それらの改革は、知的所有権の新たな法整備（開発の種類によって異なる課税法を用いるなど）から、特別に考案された支援プログラムを通じて公的に奨励することまで多岐にわたるだろう。[14] 経済のグローバル化の要求は、市場経済への参入と貿易や取り引きの自由化にとどまらず（それらも総じて重要だが）、経済的交流からの利益の配分をより公正かつ公平なものにする制度改革にまで及ぶのである。[15]

国内制度の充実は、グローバルな取り引きに組み込まれた人びとがグローバル化からどのような影響をこうむるかにも重大な意味をもつ。たとえば、競争原理によって、昔ながらの製造業者が慣れ親しんできた職を失うかもしれないし、追いだされた人びとは、読み書きができなくて説明書が読めず、品質管理の新たな要求に従えなかったり、生産性や移動力を損なうような病気を患っていたりすれば、グローバル経済に結びついた新しい企業で簡単に職を得ることはできない。[16] そのような不利な条件のもとでは、人びとはグローバル経済のアメを味わうことなく、ムチのみを食らうことになる。このような障壁をなくすには、学校や教育施設、さらに医療・保健を含めた社会保障制度の拡充が必要になる。経済のグローバル化は、ただ市場を開放することだけではないのである。

それどころか、グローバルな市場経済は、そこにかかわる人びとが維持しようとするくらいよいものなのだ。[17] グローバルな意見表明を——遠くからも近くからも——することによって、グローバル市場を含めて、グローバル化を促し、よりよい仲間を集めることができる。そこには人類のために勝ちとらなければならない世界があり、グローバルな意見表明はこれを成し遂げる推進力となることができる。

## 貧困、暴力、不公平感

多くの人の頭のなかで、宗教と共同体が世界規模の暴力と結びついているとすれば、グローバルな貧困と不平等の問題についても同じことが言える。実際、近年では貧困をなくす政策が、政治的な抗争や動乱を避ける最も確実な方法だという理由から、こうした政策を正当化する傾向が強まっている。公共政策——国際的なものも、国内的なものも——をそのような理解にもとづいて行うことには、たしかに魅力がある。豊かな国の国民が戦争や無秩序に対し不安を抱いていることを考えれば、貧困の撲滅を間接的に——そのこと自体が目的というより、世界の平和と平穏のために——

正当化することは、貧困者を助ければ自己利益につながるという論拠を示すことになる。それは道徳的なもの以上に、政治的な妥当性とされるものゆえに、より多くの資力を貧困の撲滅に向けるべきだと主張するものだ。

そのような方向へ進みたくなる誘惑は容易に理解できるが、たとえ価値のある大義のためであっても、それは危険な道筋である。困難さの理由の一つには、経済でものごとを単純化する還元主義が、一歩間違えば世界に対するわれわれの理解を妨げるだけでなく、貧困の撲滅に向けた公約で宣言された論理的根拠を崩しやすいからだ。これはとくに懸念すべき問題だ。なにしろ、貧困と膨大な格差はそれ自体でも十分に悲惨であり、たとえ暴力とは関係していなくても優先して取り組むべきものだからだ。徳はそれ自体が褒美であるように、貧困は少なくともそれ自体が罰であり、報いなのである。これはなにも貧困と格差が紛争や抗争と幅広く関連しうる――実際にする――ことを否定するのではない。ただ、こうした関係は「正しい大義」のために意味もなく性急かつ無造作に引き合いにだすのではなく、適切な注意を払い、実証的に検討しながら調査し、究明しなければならない、ということである。

貧困はもちろん、既存の法や規則に逆らう挑発を引き起こすことがある。しかし、そこから主導権や勇気、それに実行能力が人びとに与えられて、非常に暴力的な行動につながるとは限らない。貧困は経済力のなさだけでなく、政治的な無力感もともなうことがある。飢えた不幸な人は衰弱し、落胆しすぎており、争い戦うどころか、抗議の声をあげることもできない。となれば、深刻な窮状が広範囲にわたるところでは、たいがい不気味なほどの平穏さと沈黙が見られるのは驚くには当たらない。

実際、多くの飢饉は大した政変も内乱も部族間抗争もなく起きてきた。たとえば、一八四〇年代にアイルランドが飢饉に見舞われた時代は、きわめて平和な時代であり、シャノン川を大量の食糧を積んだ船が次々に下り、飢えたアイルランドから、より多くの購買力をもち、食糧のあふれたイングランドへ輸送している折にも、腹をすかせた大衆がそれを妨害したためしはほとんどなかった。アイルランド人はとくにおとなしくて従順だという評判はないが、飢饉の時代は総じて、法と秩序が守られた年だった（ごく一部の例外を除いて）。世界のほかの地域を見ると、一九四三年のベンガル飢饉のさなかにカルカッタで過ごした私自身の子供時代の記憶でも、ショーウィンドウの奥に幾重にもおいしそうな食べものが並ぶ菓子屋のまえで、飢えた人びとは一枚のガラスを割ることもなく、法や秩序を乱すこともなく死んでいった。ベンガル人は多くの武力反乱を引き起こしてきたが（一九四三年の飢饉の前年である一九四二年にも、イギリスの支配に対して反乱があった）、飢饉の年そのものは静かに過ぎた。

時機を逸しないことがとりわけ重要であるのは、不平等感は長い年月のあいだ、人びとの不満を蓄積させるからだ。それは飢饉や物資の欠乏によって衰弱させられ、能力を奪われる状況が終わったずっと後まで続くものだ。貧しく、荒廃した時代の記憶はいつまでも残りやすく、反乱や暴力事件を起こすうえで引き合いにだされ、利用される。一八四〇年代のアイルランドの飢饉は平穏な時代だったかもしれないが、不平等を味わった記憶と政治・経済面で冷遇されたことに対する社会の恨みが、アイルランド人をイギリスから離反させる結果になった。そのことが、一五〇年以上ものあいだのイギリスとアイルランドの関係を特徴づけた暴力沙汰に大きく関与していたのだ。経済的な困窮はすぐさま暴力にはつながらないかもしれないが、だからと言って、貧困と暴力のあいだになんの関係もないと想定するのは誤りだろう。

今日のアフリカの苦境を放置することもまた、将来における世界平和に、長期にわたる同様の影響を及ぼす可能性がある。アフリカの人口の少なくとも四分の一がエイズ、マラリアなどを含む感染症の流行により死滅する危機に瀕していると思われるときに、世界のほかの国々（とりわけ富裕国）が行ったこと――もしくは行わなかったこと――は、この先の長い年月、人びとの記憶に残ることになるだろう。貧困や物資の欠乏、冷遇、および力の不均衡に関連する屈辱が、いかに長期にわたって暴力を生む風潮と結びつくのかを、われわれはもっと明確に理解しなければならない。そうした暴力は、アイデンティティが分断された世界で、勝者に対する不満を利用した対立と結びつく。

冷遇されることも、恨みを抱く十分な根拠となりうるが、侵略され、体面を傷つけられ、屈辱を味わったという感覚はさらに、反乱や暴動に人びとを駆り立てやすいものだ。イスラエルが軍事力にものを言わせてパレスチナ人を強制退去させ、抑圧し、支配しているが、こうした状況は、現在イスラエルにもたらされている直接の政治的な利益がなんであれ、それをはるかに超えた長期にわたる広範囲な禍根を残す。権利が勝手に侵害されたことに対するパレスチナ人の不平等感は、相手側からすれば暴力的な「報復」に見える目的のために、すぐさま応じる気質となって残り続けるだろう。復讐はパレスチナ人からだけでなく、アラブ人やムスリムとして、あるいは第三世界のアイデンティティを通じてパレスチナ人と結びついているより大きな集団からももたらされるかもしれない。世界が持てる者と持たざる者に二分されているという感覚は、不満を培養するうえで大きな役割を果たし、「報復的暴力」とよく呼ばれる大義のために活動家を募集する可能性を開くものだ。

こうした構図がいかに展開されるのかを理解するためには、暴力的な反乱の指導者と、指導者たちが支援を当てにするもっと大きな集団を区別する必要がある。オサマ・ビンラディンのような指導者は——少なくとも——貧困から苦しむことはなく、グローバル資本主義の成果の分け前にあずかれないと感じる経済的な理由もない。それでも、裕福な指導者によって率いられる運動は通常、既存の世界秩序が生みだしたと見なされる不平等感や格差、屈辱を大いに拠りどころとしている。貧困と経済的格差はすぐさまテロリズムを誘発したり、テロ組織の指導者に影響を与えたりすることはないのかもしれない。それでも、こうした状況がテロリストの尖兵《せんぺい》を集めるための格好の勧誘拠点を生みだす一助となりうるのである。

また、基本的には平和を愛する人びとがテロリズムを容認するという、別の不可解な現象も、現代世界のさまざまな場所で起きている。とりわけ、グローバルな経済・社会的な進歩から取り残されたため、もしくは過去に政治的に迫害された記憶が鮮明であるため、ひどい扱いを受けてきたという認識がある場所では顕著である。グローバル化の恩恵をより公平に分配できれば、①テロの使い捨て要員として募集されることと、②テロが容認される（ときには称賛すらされる）社会的風潮の醸成の双方を防ぐ長期的な対策にもなるだろう。

貧困とグローバルな不平等感は暴力の発生にすぐにはつながらないかもしれないが、両者は明らかに密接に関連しており、長期にわたって作用し、暴力をもたらす重要な要因となりうる。西洋の列強によって何十年――おそらく一世紀――もまえに中東がぞんざいに扱われてきた記憶は、今日もなお西アジアでさまざまなかたちでくすぶっており、対立をもくろむ指揮官によって培養され、拡大され、テロの志願兵を集めやすくしている。とりわけアフガニスタン政策に関連して、西アジアがソ連に対して抱いていた怒りを、冷戦中のアメリカの戦略家はうまく利用できる武器として見ていたかもしれない。ところが、その怒りは、欧米と対立するイスラム教徒のアイデンティティという単眼的な見方を通じて、西洋世界全体に対して向け直されやすいものだった（資本主義のアメリカと共産主義のソ連の違いなど、その単一基準の視点からすればさほど問題にはならないのだろう）。そのような二極的な分類では、グローバルな不平等に関するレトリックは相互に関連する建設的な要因からは引き離され、適当にかたちを変えて、暴力と報復の風潮を助長するのに使われている。

## 意識の高まりとアイデンティティ

実際、格差と世界的な不平等感に呼応するさまざまな方法が、今日、世界の人びとの関心を引くのにある程度、競い合っているのだ。一方の視点からすればグローバルな平等を模索する分析そのものが、別の見地からすれば、曲解され、偏狭で手厳しい内容に変えられグローバルな復讐の理念をあおる材料となりうる。

世界的な格差が意味するものを考えるうえで、アイデンティティの問題をどうとらえるかで話は大きく変わってくる。それによって、いくつかの異なる方向へ進むことになるのだ。破壊的な影響力とともに利用されている一つの方向は、過去の屈辱や現在の格差を認識させることで引き起こされる不満を助長し、利用するもので、とりわけ「西洋と反西洋」という図式（第5章で論じた）を通じて、それをアイデンティティの単眼的な違いのうえに築きあげるものだ。こうした方向は現在、数多く目にするようになっており、西洋とすぐさま対峙する敵対的な宗教（とりわけイスラム教の）アイデンティティをそれが補完し——ある程度——助長もしている。これは単一基準で分断されたアイデンティティからなる世界であり、そこでは経済・政治面の差異が、宗教的民族性の違いに——「サブテーマ」のように——当てはめられているのだ。

幸いなことに、その方向だけが世界的な不平等や、過去および現在に受けた屈辱に対処する唯一の方法ではない。第一に、世界的な不平等や不満にもっとおおっぴらに取り組み、問題の核心部分や考えうる対策の方向性（本章の大部分で論じたように）をよりよく理解すれば、建設的な反応が返ってくるだろう。第二に、グローバル化そのものも建設的な役割を果たすことができる。そうした役割は、グローバルな経済関係によって生みだされ――より公平に共有され――制度的な取り決め（前述のとおり）によっても補われる繁栄を通じてのみならず、グローバル経済による幅広い人間同士の交流から生じた国境を越えた関心を通じても果たされる。

近年、世界は統合が進み、情報伝達速度が上がり、行き来が容易になったことで、大きく縮小した。だが、デイヴィッド・ヒュームはすでに二世紀以上も昔に、経済と社会の関係が増せば、われわれのアイデンティティ意識の及ぶ範囲が広がり、正義について関心を示さなければならない領域も拡大すると論じている。一七七七年に出版された『道徳原理の研究』で、ヒュームはこうした関連を（「正義について」という章で）以下のように指摘している。

さらに、いくつかの異なった社会が相互の便宜と利益のためになんらかの交流を続けている状況を考えれば、正義の及ぶ範囲は人びとの視野の広さや、相互のかかわりの強さに比例して、さらに拡大する。歴史も経験も理性も、人間の感情がこのように自然に進歩することを十分に教えてくれる。また、正義という徳のもつ幅広い効用に慣れ親しむにつれて、正義への関心が徐々に拡大することも教えている。(18)

ヒュームは国家間の貿易や経済的なつながりを通じて、遠く離れた人びとの相互の関係が深まる可能性について論じていた。互いに密接にかかわるようになるにつれて、以前はおぼろげにしか理解できなかった遠くの人の存在にも人は関心を持ち始めることができる。

世界的な不平等や格差に対する幅広い関心は、デイヴィッド・ヒュームが密接な経済関係を通じて遠くにいる人びとも「正義への関心が徐々に拡大」した範囲内に引き寄せられる、と論じていたことが具体化したもの、と見なすことができるだろう。反グローバル化を掲げた抗議も、そうした一環なのである。このことは、先に述べた主張、つまりグローバル化に反対する庶民の声が、現代の世界で新たに形成されつつあるグローバル化の倫理の一部であるということと一致する。公正さを欠いたグローバル資本主義に対する批判は、それを糾弾して終わることが多いが、適切な制度の改善を通じてグローバルな公正さへの要求にまで簡単に発展させられるものだ。

「反グローバル化」の批判は、世界の弱者がこうむる不平等で不当な扱いに焦点を当てるが、良識からしても（こうした批判でさえグローバルな倫理が強調されていることを考えれば）これらを厳密には反グローバル化の主張と見なすことはできない。彼らを動かしている考えには、不遇で悲惨な状態にある人びとをより公正に扱うことや、適宜修正した世界秩序のなかで、機会をより均等に配分することを求める必要性が示唆されている。こうした問題の緊急性を世界的に話し合うことが、グローバルな不平等を減らすための方法と手段を積極的に探究する土台となるだろう。そのような探究はそれ自体が非常に重要であり、それは第一に——および主要な論点として——主張しなければならないことである。しかし、それはまた鋭く対立したアイデンティティのぶつかり合いから、われわれを引き離すうえでも重大な役割を果たすことができる。自分をどう認識するかで、ものごとは変わるのである。

# 第8章　多文化主義と自由

現代の世界では多文化主義がもてはやされている。多文化主義は欧米ではとくに、社会、文化、政治における政策を立てるうえで、よく引き合いにだされる。これはとくに驚くべきことではない。人びとはますます世界規模で連絡を取り合い、交流しているし、なによりも大量の移民がさまざまな文化から異なった慣習を、隣合わせでもちこんできているからだ。「汝の隣人を愛せよ」という教訓が一般に受け入れられていたのは、隣近所がおおむね同じような生活を営んでいた時代だったからかもしれない(「この話の続きは、今度の日曜の朝の礼拝で、オルガン奏者が休憩するときにしよう」)。だがいまでは、同じように隣人を愛するように説く場合でも、すぐ近くにいる人びとの多様な生活様式に関心を向けることが必要になる。現代の世界はグローバル化しており、そこには多文化主義が呈する難題を無視する余地はない。

本書のテーマ——アイデンティティの考え方と、世界の暴力との関係——は、多文化主義の本質とそれが意味するもの、およびその長所(と短所)を理解することと密接に関連する。多文化主義を理解するには、基本的に二つの異なったアプローチがあると私は考える。一つは、多様性の促進そのものに価値を見出して、それに専念する方法であり、もう一つのアプローチは論理的思考と意思決定の自由に焦点を当て、文化的多様性は関係する人びとができるだけ自由に選べる限りにおいて称賛するものだ、というものである。これらのテーマは、本書でもすでに簡単に触れてきたものであり（とくに第6章で）、私が別のところで主張を試みた――「自由としての開発」――社会の全般的な進歩に向けた幅広い取り組みにも通じるものだ[1]。しかし、この問題は今日、とくに欧米で実践されている多文化主義を評価する場合には、より綿密な検証が必要となる。

重要な論点の一つは、人間がどのように見られているか、ということに違いない。人間はたまたま生まれついた共同体に受け継がれた伝統、それもとくに継承された宗教という観点から分類されるべきなのだろうか？　自分で選んだわけではないそのアイデンティティが自動的に優先され、その他の政治や職業、階級、性別、言語、文学、社会的活動など、多くのかかわりに関係した帰属意識はないがしろにされるのだろうか？　それとも、人間はさまざまな帰属先や関係をもつ人として理解され、それらをめぐる優先順位は（熟慮のうえの選択による責任をとって）自分で決めなければならないとされるべきなのだろうか？　また、多文化主義の公正さは、そもそも異なった文化的背景をもつ人びとがどれだけ「干渉されずに」いられるかによって評価されるべきなのだろうか？　それとも人びとが熟慮のうえに選択する能力が、教育を受け、市民社会に参加し、国内で行われている政治・経済のプロセスに参加する機会を通じて、どれだけ積極的に後押しされているかによって評価すべきなのだろうか？　多文化主義を公正に評価するならば、こうしたどちらかと言えば基本的な問いを避けて通ることはできない。

多文化主義の理論と実践を議論する際に、イギリスの経験にとくに注目するのは有益だ。イギリスは包括的な多文化主義を推進するうえで、成功と難題を抱えながらも先頭に立ってきており、こうした問題はほかのヨーロッパ諸国やアメリカにも当てはまることだからだ。[2] イギリスでもたしかに一九八一年にはロンドンとリヴァプールで人種暴動が起きており（二〇〇五年の秋にフランスで起こった暴動ほど深刻な事態ではなかったが）、こうした事件が国民の統合に向けたさらなる努力につながった。イギリスの情勢は、この四半世紀はおおむね安定し、平穏に過ぎている。イギリスにおける統合のプロセスは、イギリス連邦内のすべての住民が、たとえイギリスの市民権はなくても、イギリスにおける完全な投票権を即座にもてるという事実によって大きく前進した。イギリスにいる非白人移民の大半は、イギリス連邦の出身なのである。統合のプロセスはまた、移民が健康医療や学校教育、社会保障において差別のない待遇を受けられたことによっても大きく促進された。しかし、それにもかかわらず、近年、イギリスでは一部の移民が疎外されており、完全に国内でつくりだされたテロ事件も起きた。移民家庭出身の――イギリスで生まれ育ち、教育を受けた――ムスリムの若者が、自爆テロによってロンドンで多くの人を殺害したのである。

したがって、多文化主義に関するイギリスの政策をめぐる議論は広範囲にわたり、表面的な主題から想像される領域よりもはるかに多くの関心と熱意を喚起する。二〇〇五年の夏、ロンドンでテロ事件があった六週間後に、フランスの主要紙『ル・モンド』が「イギリスの多文化モデルの危機」と題して批評文を載せると、アメリカのリベラルな組織の指導者で、オープン・ソサエティ財団〔ジョージ・ソロスが一九八四年に設立〕ジャスティス・イニシアチブの理事長ジェームズ・A・ゴールドストンがすぐさま議論に加わった。『ル・モンド』の記事を「吹聴」だと表現して、ゴールドストンはこう反論した。「テロリズムの非常に現実的な脅威を利用して、四半世紀以上にわたって人種問題でイギリスが成し遂げた功績を棚上げにすることを許してはいけない」(3)。ここには議論し評価すべき重要で一般的な問題がある。

本当の論点は、「多文化主義が行き過ぎている」(ゴールドストンが一部の批判を要約したように) かどうかではなく、多文化主義はどのような形態をとるべきかなのだということを、私は論じたい。多文化主義は文化の多様性に対する寛容性に過ぎないのだろうか？　文化的慣習をだれが選ぶのかによって違いはでてくるのだろうか？　それが「共同体の文化」という名のもとに強制されたものでも、ほかの選択肢について学び論理的に考える機会が十分にあった人が自由に選んだものでも、違いは生じないのか？　異なった共同体では学校や社会全般において、世界のさまざまな人びとの宗教——および無宗教——について学ぶうえで、どんな便宜がはかられているのだろうか？人間が、たとえ暗黙のうちにでも選択しなければならないことについて、どう考えるべきか理解するうえで、人びとはどんな手段を与えられているのだろうか？

## イギリスの功績

私は一九五三年に留学生として初めてイギリスにやってきたが、この国は異なった文化を受け入れることに関しては、とりわけ見事に対応してきている。その道のりは、さまざまな意味で目覚ましいものがある。ケンブリッジで最初にお世話になった下宿のおばさんが（親切心からと言わざるをえないが）、風呂に入ると私の肌の色が落ちるのではないかと心配していたこと（私の色は問題なく丈夫で色落ちなどしないことを請け合わなければならなかった）を思いだす。おばさんはまた、文字を書くことは西洋文明の特別な発明なのだ（「聖書が始まりだったのよ」）と、わざわざ私に説明してくれた。イギリスの文化的多様性が大きく花開いた時代を――断続的とはいえ、長期にわたって――生きてきた者にとって、今日のイギリスと半世紀前のイギリスとの違いはとにかく驚くばかりだ。

文化的多様性が奨励されてきたことは、人びとの暮らしに間違いなく多大な貢献をしてきた。そのおかげで、イギリスはさまざまな面で実に活気のある場所になった。多文化の食べもの、文学、音楽、ダンス、芸術などを味わえる喜びから、ノッティングヒル・カーニヴァルの人を酔わせる罠にいたるまで、イギリスはその国に住む――多様な背景の――人びとに、楽しみ、祝うべき多くのものを与えている。また、文化的多様性が受け入れられているために（前述したように、投票権と、ほとんど差別なく受けられる公共サービスや社会保障のおかげもあり）、出身地が異なる人びとでも安心して暮らしやすい。

しかし、イギリスですら、多様な生活様式の受け入れへの道がつねに平坦だったわけではないことは想起すべきだろう。移民は伝統的な暮らし方をあきらめ、移住先の社会で一般的な生活様式を受け入れるべきだという要求は周期的に、だが執拗に繰り返されてきた。そうした要求はときには、かなり些細な行動を含め、文化に関して驚くほど細部にわたって見解を示すことがあり、その典型例が保守党の指導者としてよく知られる重鎮、テビット卿によって提案された有名な「クリケット試験」だった。この試験によると、イギリス社会によく融和した移民であれば、その人の母国（たとえばパキスタン）との国際試合で両国が競い合うとき、イングランドを応援するとされている。

最初によい面から述べると、テビット卿の「クリケット試験」は明確であるという、うらやむべき利点があり、そこには移民がイギリス社会に融和するための見事に明らかな手順が示されている。「イングランドのクリケットチームを応援すれば、それでもう十分だ！」、と。さもなければ、イギリス社会に確実に融和するために移民がなすべきことは、かなり骨の折れる作業になりうるからだ。イギリスで実際に支配的であって、移民が順応すべき生活様式とはどんなものか、もはや明らかにすることは容易ではないという理由だけからしても、それは困難だろう。たとえば、カレーはいまやイギリス人の食生活に広く普及しており、イギリス観光局によれば、「本格的なイギリス料理」となっている。二〇〇五年には、一六歳前後の生徒が受ける一般中等教育修了証（ＧＣＳＥ）のための試験で、「余暇と観光」の試験問題には次のような二つの質問が含まれていた。「インド料理以外に、持ち帰り可能なレストランでよく見かける食べものを一種類あげよ」という問題と、「インド料理の持ち帰り可能なレストランに宅配注文をするには、なにをしなければならないか述べよ」である。二〇〇五年のGCSEについて報道するなかで、保守的な『デイリー・テレグラフ』紙が不満を表明していたのは、このような全国試験における文化的偏見についてではなく、問題が「簡単」であって、イギリスに住む者ならだれでも特別な訓練なしに答えられるはずのものである点だった。(4)

少しまえにロンドンの新聞で、あるイギリス女性がいかにもイギリス人らしいことに言及する、決定的な描写を読んだこともある。「彼女はラッパズイセンやチキン・ティッカ・マサラ〔代表的なイギリス風インド料理〕と同じくらいイギリス的だ」、と。こうした状況を考えると、南アジアからイギリスにやってきた移民は、テビット卿の親切な手ほどきがなければ、少々とまどうかもしれない。よそからきた者が順応すべきとされる典型的なイギリス人らしさを、確実に身につけるには、いったいどうすればよいのか、と。このような議論は軽薄なものに思われるかもしれないが、その根底には重要な問題がある。現在、文化的な交流によって世界各地で人びとの行動様式が混ざり合ってきているため、どんな「土地固有の文化」も、時代を超えた真に在来の文化として認めるのが困難になってきているのである。(5)だが、テビット卿のおかげで、イギリス人らしさを確立する作業は理路整然とした、すばらしく簡単なことになったのである〔実際、先に述べたGCSEの問題に解答するくらい簡単だ）。

テビット卿は最近さらに、彼の「クリケット試験」が実際に活用されていたら、イギリス生まれのパキスタン系過激派によるテロ攻撃を防ぐのに役立っていたはずだと示唆している。「私の意見が採用されていたら、このような攻撃を防ぐのに役立っていただろう」(6)。この自信に満ちた予測がおそらく見落としているのは、どんなテロリスト予備軍も――アルカイダの訓練を受けていようがいまいが――イングランドのクリケットチームを応援する「クリケット試験」ならば、その他の面で行動パターンを微塵も変えることなく易々と合格できるということだろう。

テビット卿自身がどのくらいクリケット好きなのかは知らない。私が試合を楽しむときは、どちらのチームを応援するかはさまざまな要素で決まる。そのなかにはもちろん、祖国への忠誠心や居住地に対するアイデンティティもあるが、競技の質や、試合やシリーズ全体への関心も含まれる。特定の結果を期待することには、偶然の要素がよく含まれているものであり、そのため、つねに変わることなくどこかのチーム（イングランドであれ他国のチームであれ）を応援するのは難しい。私はインドの出身で、インドの国籍をもつが、ときにはパキスタンのクリケットチームを、対イングランド戦だけでなく、対インド戦でも応援してきたことを白状しなければならない。二〇〇五年にパキスタンチームがインドで遠征試合をして、六回シリーズのワンデー・マッチの初戦二試合で負けていたとき、私はシリーズが活気のないつまらないものにならないように、三試合目ではパキスタンを応援した。このときは、パキスタンが私の期待をはるかに超えて、残りの四試合すべてに勝って四対二でインドに圧勝した（これまたインド人がつねづね不満を述べているパキスタンの「過激主義」の一例だ！）

むしろ、テビット卿のクリケット試験に込められていた忠告には、イギリスの国民または住民が果たすべき義務、たとえば、イギリスの政治への参加や、イギリスの社会生活に加わること、あるいは爆弾をつくるのをやめることなどとはまるで無関係である、という明白な事実のなかに、より深刻な問題がある。クリケット試験のような忠告は、この国の社会によく溶け込んだ暮らしを送るのに必要とされることとも、かなりかけ離れている。

このような論点は、大英帝国崩壊後のイギリスではすぐさま理解されていた。テビット卿のクリケット試験のような誘惑に駆られることはあっても、イギリスの政治および社会の伝統は本質的に包括的なものであり、多民族国家のなかでさまざまな文化形態がなんら問題なく受け入れられるよう取り計らわれてきた。当然のことながら、こうした歴史的な傾向は大きな間違いだと感じ続けてきた地元民もたくさんいる。そして、そのような反論はしばしば、イギリスがそのような多民族国家になってしまったことへの強い憤りとあいまっている（そのような恨みを抱く人に、このままバス停で遭遇したとき、私は唐突に「あんたらの正体はわかっていたんだ」と言われた。もっとも、残念ながら、この情報提供者はなにを発見したのか教えようとはしなかった）。しかし、イギリスの世論の重きは、少なくとも最近までは、文化的多様性に寛容な——それを称賛しさえする——方向にかなり強く傾いていた。

こうしたことすべて、および（前述したような）投票権の包括的な役割と、差別なく受けられる公共サービスが、とりわけ近年のフランスでは望めないような、人種間の平穏な関係に貢献してきた。

## 複数の単一文化主義の問題

重要な論点の一つは、多文化主義と「複数単一文化主義」とでも呼べるものの区別に関するものだ。夜間に航行する船のように、互いにすれ違うだけの文化の多様性が存在することが、多文化主義の成功例と言えるのだろうか？　イギリスは現在、交流か孤立かをめぐって分裂しているので、その区別はきわめて重要だ（しかも、テロと暴力にすら関連している）。

この区別について論ずるために、まずインド料理もイギリス料理も真に多文化的なものだと主張できることを指摘し、比較することから始めたい。唐辛子は、ポルトガル人がアメリカから持ち込むまでインドには存在しなかったが、今日では幅広いインド料理で効果的に用いられており、大半のカレーで主要な食材になっているようだ。たとえば、ヴィンダルーには口が焼けるほどたくさんの唐辛子が入っている。この料理は名前が示すように、ワインとジャガイモを合わせた移民の記憶を伝えるものだ［アルーはヒンディー語でイモを意味する。実際には元のポルトガル料理ではアーリョ、つまりニンニク味のワイン煮込みだった］。また、タンドリー料理はインドで完成されたかもしれないが、もともと西アジアからインドへ入ってきたものだ。一方、カレー粉はまぎれもなくイギリスの発明品で、〔英領インドの基礎を築いた〕クライヴ卿以前にはインドでは知られておらず、これは思うにイギリス軍の食堂で発展を遂げたものだろう。そして、いまではロンドンにある南アジア料理の洗練されたレストランでは、新しいスタイルのインド料理が登場し始めている。

それとは対照的に、二つのスタイルの伝統が出合うことなく、並列して共存している状況は、本来は「複数単一文化主義」として見なされなければならない。最近よく耳にする多文化主義を声高に擁護する声は、複数単一文化主義のための弁解にすぎないことが非常に多い。保守的な移民家庭の娘が、イギリスの青年とデートに出かけたくなったとすれば、それは明らかに多文化主義的な第一歩となるだろう。一方、彼女の保護者がこれを阻止しようとすることは（たいていこのような事態になる）、文化を隔離して温存しようとするので、とても多文化主義の行動とは言えない。ところが、複数単一文化主義を促進させるこうした親による禁止行為には、伝統文化は尊重すべきだという理由から、多文化主義者とされる多数の人びとから声高な賛同の意が寄せられる。まるで、若い女性の文化的自由にはなんの重要性もなく、それぞれの文化はなぜか枠内に押し込められて隔離されなければならないかのようである。

特定の社会的背景に生まれついたことは、選択した行為ではないため、（前述したように）そのこと自体が文化的自由の実践にはならない。一方、伝統的な様式のなか
に断固としてとどまる決意は、ほかにとりうる道を考慮したあげくに、そう選択したのであれば、自由の実践となるだろう。

同様に、論理的に熟慮したあとで、一般に受け入れられた行動パターンから――多少にかかわらず――抜けだす決論に達したのであれば、やはりそれは自由の実践に値するだろう。実際、文化的自由はしばしば文化的保守主義と対立しうるものなのだ。多文化主義を文化的自由の名のもとに擁護するのであれば、自分が継承した文化的伝統のなかにとどまり続けることを、ためらわず無条件に支持することを要求するものとして、多文化主義を見なすことはとうていできない。

第二の問題は、すでに本書でかなり論じてきた事実に関連するものだ。すなわち、宗教や民族性は人びとにとって重要なアイデンティティかもしれないが（継承し帰属する伝統を称えるか拒むか選択する自由がある場合はとくに）、それ以外にも人びとが尊重してしかるべき帰属先や関係があるというものだ。多文化主義は、ひどく奇妙に定義づけされない限りは、個人が市民社会に参加したり、国政に参加したり、社会的に非協調的な人生を送ったりする権利を踏みにじることはできない。そしてまた、多文化主義がどれほど重要であっても、伝統文化の命ずることが自動的にその他すべてに勝る優先順位を与えるものにはなりえない。

先に論じたように、世界の人びとを、信仰する宗教ごとの観点だけから見なすことはできない。つまり宗教連合のようには考えられないのだ。ほぼ同じ理由から、多文化的なイギリスを民族社会の集合体として見なすことはとてもできない。ところが、現代のイギリスでは「連合的」な見方が多くの支持を得ている。それどころか、そのような見解は、人を与えられた「共同体」という硬直した枠内に押し込める非人道的な意味合いがあるにもかかわらず、なぜか個人の自由の味方であるかのように解釈されている。「多文化的なイギリスの将来」という広く喧伝された「未来図」までであり、それはこの国を「関心と愛情という共通の絆と集団意識によって結びつけられた文化の緩い連合」として見なすものなのである。(7)

だが、イギリスという国と個人の関係は、その人が生まれついた家庭の「文化」に媒介されなければならないのだろうか？　あらかじめ定められたいくつもの文化に親密感を求めたくなる人もいるかもしれないし、同じくらいありうることとして、どれ一つ求めない人もいるだろう。また、自分の民族や文化面のアイデンティティは、政治的信念や職務や文筆活動上の信条に比べれば重要ではない、と判断することもあるだろう。不可解な想像による「文化連合」のなかで、どんな立場に置かれようが、選択権はそれぞれの人にあるのだ。

こうしたことは抽象的な懸念事項ではないし、複雑な現代社会の特殊な側面でもない。イギリス諸島にやってきた初期の南アジア人の一例を考えてみよう。インドからイギリスに一八八〇年代にやってきた女性、コーネリア・ソラブジのアイデンティティにも、ほかの人と同様に、多様な帰属関係が反映されていた。ソラブジは彼女自身によっても、ほかの人びとからもさまざまに描写され、「インド人」とされることもあれば（彼女は最終的にインドへ帰国して、『インドへのいざない』と題された魅力的な本を書いた）、イギリスを第二の祖国と考えてもいたし（「イギリスとインドという、二つの国を故郷として」）、ゾロアスター教徒でもあり（「民族的にはゾロアスター教徒です」）、キリスト教徒でもあり（「キリスト教の初期の殉教者たち」を非常に尊敬していた）、サリーを着た女性であり（「いつも色鮮やかな絹のサリーをきちんとまとっていた」と『マンチェスター・ガーディアン』紙に書かれている）、法律家であり法廷弁護士であり（リンカーン法曹院所属）、とりわけ隔離された女性の教育と法的権利のための闘士であり（彼女は隔離された女性たち「パルダナスチーン」の顧問弁護士となっていた）、イギリスのインド支配の熱心な支持者でもあり（彼女は「六、七歳にしかならない幼子たちを」動員したとして、いくぶん公平さを欠くがマハトマ・ガンディーですら非難した）、インドにつねに郷愁を抱いており（「ブッダガヤの緑色のインコ、インドの村から立ちのぼる青いたき火の煙」）、男女の差異を確信しており（彼女は「現代的な女性」として見られることに誇りをもっていた）、男子だけの大学の教師であり（「一八歳のとき、男子大学で」）、出身地にかかわらず、オックスフォードで民法の学士号を取得した最初の女性でもあった（学位取得の試験を受けるために、ローマ教皇庁の特別な法令が必要だった）(8)。コーネリア・ソラブジの選択は出身社会や背景の影響を受けていたに違いないが、彼女は自分で決断し、優先すべきものを選んだ。

仮に多文化主義が、人のアイデンティティは共同体や宗教によって決められなければならないと主張し、その人がもつその他すべての帰属関係（言語から階級、社会的関係から政治見解や市民としての役割まで多岐にわたるもの）は無視すべきであり、熟慮し選択することよりも受け継がれた宗教と伝統を優先すべきだと断言するものだとすれば、多文化主義の倫理的および社会的な要求には深刻な問題があるだろう。ところが、多文化主義のそのような狭量な考え方が、近年、イギリスの一部の公共政策において顕著な役割を担うようになってきた。

ムスリム、ヒンドゥー、シクの子女向けの「宗教学校」を（従来のキリスト教学校に加えて）新たに創設することを積極的に推進する公共政策は、このような考え方の典型例となっている。これは教育上、問題があるだけでなく、人種差別のないイギリスで暮らすうえで要求されるものを、断片的にとらえる見方を助長することにもなる。こうした新たな教育機関の多くは、宗教優先の考えが世界で暴力を生む主要な要因になってきた、まさしくこの時期に出現しているのである（北アイルランドのカトリックとプロテスタントの分裂など、イギリス自体にあるそのような暴力の歴史に加えて――この問題も宗派ごとに分かれた学校教育と無縁ではない）。ブレア首相が「そのような学校には強い教育精神や価値観がある」と述べたのはたしかに正しい(9)。しかし、教育とは子供たちを、それも幼い子供までをも、継承されてきた古い精神に浸らせることだけではない。教育は大人になればだれもが下さなければならない新たな決断について、論理的に考える能力を子供が身につける手助けをすることでもある。肝心なことは、昔からのイギリス人や昔からある彼らの宗教学校に対して、なんらかの型どおりの「均衡」を達成することではなく、子供が差別のない国で大人になる過程で、「検証したうえでの人生」を送る潜在能力《ケイパビリティ》をどうすれば最も高められるか、なのである。

## 理性の優先

重要な論点ははるか昔に、インドのアクバル帝が、一五九〇年代に理性と信仰に関して述べた見解のなかできわめて整然と述べられている。ムガルの大帝アクバルは生涯をイスラム教徒として全うしたが、信仰は理性に優先することはできないと主張した。人は自分が受け継いだ信仰を、理性を通じて正当化――必要であれば拒絶――しなければならないからだ。もって生まれた信仰を優先すべきだと主張する伝統主義者に攻撃されると、アクバルは、友人であり信頼を置いていた側近であるアブル・ファズル（アラビア語、ペルシア語にも通じたサンスクリット語の優れた学者で、イスラム教だけでなくヒンドゥー教をはじめとする異なった宗教に造詣が深かった）にこう語った。

理性を追求し伝統主義を拒否することは、すばらしく明白なことであり、議論の必要もない。もし伝統主義が正しいとすれば、預言者も年長者の言葉にただ従っていた（新たな神託をもたらすことはなかった）だろう。[10]

理性は至高のものでなければならない。理性に異議を唱える際にすら、その理由を理性的に述べなければならないからだ。

多文化的なインドの多様な宗教に真摯な関心を向けなければならないと確信して、アクバルは一六世紀インドで主流を占めていたヒンドゥーとムスリムの人びとだけでなく、キリスト教徒、ユダヤ教徒、ゾロアスター教徒、ジャイナ教徒、さらに「チャールヴァーカ」の信奉者までも含め、たびたび対話の機会を設けた。チャールヴァーカは、紀元前六世紀ごろから二〇〇〇年以上にわたってインドに根づいていた無神論的な思想の一派である(11)。

信仰に関して「全か無か」という極端な見解をとるのではなく、アクバルは多面性のあるそれぞれの宗教の特定の要素について、論理的に考えることを好んだ。たとえば、ジャイナ教徒と議論した際に、アクバルは彼らの儀式には懐疑的であり続けたが、菜食主義に関する主張には納得し、あらゆる肉を食べることを全般的に非難するようにまでなった。宗教的信条を理論的な思考ではなく、信仰心にもとづくものだと考えたがる人びとのあいだでは、こうしたことすべてがいらだちを生んでいたが、アクバルは彼が「理性の道」(ラヒ・アクル)と呼んでいたものにこだわり、開かれた対話と自由な選択の必要性を強調した。アクバルはまた、自分自身のイスラム教信条は「盲目的な信仰」からではなく、彼が「伝統の沼地」と呼ぶものからでもなく、理論的な思考と選択によるものだと主張した。

さらに問うべきこととして(とりわけイギリスで重要となるが)、非移民社会は、多文化主義の教育が突きつける要求をどのように見るべきか、という問題もある。多文化主義の教育はそれぞれの共同体が独自の歴史的祭事を行うに任せ、世界文明の起源と発展にグローバルな交流があったことを深く認識する「昔からのイギリス人」に求められた必要性には応じなくともよいのか（第３章から第7章で論じたように）。いわゆる西洋の科学や文化のルーツが、とりわけ中国の発明や、インドとアラブの数学、あるいは西アジアに残っていたギリシア・ローマの遺産（忘れられたギリシア古典のアラビア語版が、何世紀ものちにラテン語に再訳された例など）に依拠するものだとすれば、現在、多文化的なイギリスの学校のカリキュラムに見出されるもの以上に、その過去の盛んな交流についてもっと深く考えるべきではないのだろうか？　多文化主義が優先すべきことは、複数単一文化主義社会における優先事項とは、大きく異なるのである。

宗教学校に関する問題の一つが、論理的思考よりも理屈抜きの信仰を優先するそのやっかいな本質にかかわるものだとすれば、ここには別の重大な争点がある。つまり、人びとを分類するうえで、その他もろもろの分類根拠に勝る宗教の役割に関するものだ。人びとの優先事項や行動は、あらゆる帰属先や関係によって影響を受けるものであり、宗教だけによるのではない。たとえば、前述したように、バングラデシュがパキスタンから分離したのも、政治的な優先事項とともに言語や文学的な理由にもとづいていたのであり、宗教によるものではなかった。分離前の東西パキスタンはどちらも、宗教的には同じだったからだ。信仰以外のあらゆるものを無視することは、アイデンティティを主張するうえで、宗教をはるかに超えて人びとを動かす、さまざまな関心事がある現実に目を向けないことになる。

イギリスにおけるバングラデシュ人社会は大きなものだが、彼ら独自の文化や優先事項がとくに認められることはなく、宗教ごとの統計では、その他のイスラム教徒とともに一つの大きな集団のなかに括られている。こうした事態はイスラム教の聖職者や宗教的指導者にとっては喜ばしいだろうが、明らかにあの国の豊かな文化を不当に扱うものであり、バングラデシュ人がもつ豊かで多様なアイデンティティを貧相なものに変えてしまう。それはまた、バングラデシュそのものの建国の歴史も無視しようとするものである。現在たまたま、バングラデシュ国内では世俗主義者と彼らを中傷する人びと（宗教的原理主義者を含む）のあいだで政治紛争が続いており、イギリス政府の方針がなぜ前者ではなく、後者と歩調を合わせなければならないのかは定かではない。

この問題の政治的な重要性を誇張しすぎることはないだろう。問題が最近のイギリス政府に端を発するものでないことは、認めざるをえない。実際、イギリスの政策は長年、イギリス国民とインド亜大陸出身の住民をおもにそれぞれの共同体という観点から見ようとしてきたようだ。そして、いまや――近年、世界で（原理主義をはじめ）信仰心が強調されるようになってから――共同体はおもに信仰面から定義づけられるようになり、より広い意味の文化は考慮されなくなっている。問題は学校教育に限られたものではないし、もちろんムスリムだけのものでもない。ヒンドゥー教またはシク教の宗教指導者を、イギリス在住のヒンドゥー系もしくはシク系の人びとのそれぞれの代弁者と考える傾向も、同じプロセスの一環である。多様な背景をもつイギリス国民が市民社会のなかで相互にかかわりあって、市民としてイギリスの政治に参加するよう促す代わりに、彼ら「自身の共同体」を「通じて」行動することが求められているのだ。

このような還元主義的な思考の狭い視野は、さまざまな共同体の生活形態にじかに影響を及ぼし、移民やその家族の生活にとりわけ深刻な制約を課す効果がある。しかし、二〇〇五年にイギリスで起きた事件が示すように、国民や住民が自分たちをどのように認識するかもまた、それにも増して他者の人生に影響を与えるのだ。一つには、党派的な（必ずしも暴力的ではなくても）考え方で育てられ、教育されることで、党派的な過激主義の影響もはるかに受けやすくなる。イギリス政府は宗教指導者が憎しみを説くことを止めさせようとしている。これはこれで正しいに違いないが、問題は明らかにそれよりはるかに甚大なものだ。移民出身で市民権をもつ人びとが、自分たちをまず特定の共同体や個別の宗教的民族集団の一員として見なすべきなのか、ということにもこの問題は関連する。その構成員資格を通じてのみ、共同体の連合とされるもののなかで、自分たちをイギリス人として見なければならないのか、ということだ。このように一意的に分断された見方がなされれば、どんな国民でも、党派的な暴力を説き助長する影響力を受けやすくなることは、容易に理解できる。

トニー・ブレアには、「出かけていって」テロと平和に関する討議を「ムスリム社会の内部」で行い、「[その]共同体の中枢まで入り込み」たいと考えるもっともな理由がある。(12) 公正さと正義のためにブレアが献身してきたことは、議論の余地がない。それでも、多文化的なイギリスの将来は、政治、言語的遺産、社会的優先事項（さまざまな民族性と宗教とともに）の異なる国民が、国民（シティズン）であることを含め、さまざまな立場で相互にかかわりあえる多様な方法を認め、支え、促進させることにあるに違いない。なかでも市民社会は、あらゆる国民の生活において大きな役割を果たしている。イギリスの移民――ムスリムを含め――の参加は、「共同体間の関係」という枠のなかにそもそも置かれることが多くなっており、宗教指導者によって仲介されるものと見なされている（「穏健な」聖職者や「穏やかな」導師《イマーム》など、宗教集団の愛想のよい代弁者を含めて）。

社会的なアイデンティティに関する概念上の混乱を避け、この混乱から生じ、それを助長すらする対立が意図的に利用されることに抵抗するためにも、多文化主義をどう理解すべきか真剣に再考する必要がある。とくに避けるべきことは（このような分析が正しいとすれば）、多文化主義と文化的な自由の混同である。また、複数単一文化主義と信仰にもとづく党派主義の混同についても同じことが言える。国家を隔離された部分の寄せ集めとして見なすことは、とてもできないのである。国民はそのなかで、あらかじめ決められた固定的な枠内に振り分けられているわけではない。また、イギリスは明示的にも暗示的にも、宗教的民族集団の想像上の全国連合として見なすことはできないのである。

## ■ガンディーの主張

今日、イギリスが直面する問題と、英領インドが直面した問題には、不気味な相似が見られ、マハトマ・ガンディーはそうした問題がイギリスの統治によってじかに奨励されていると考えていた。

ガンディーはとりわけ、インドが宗教集団の集合体だという公式見解に批判的だった。一九三一年にイギリス政府の招集した「英印円卓会議」に出席するためにロンドンへ行ったとき、ガンディーは自分が「連邦機構委員会」とあからさまに名づけられた一党派に割り当てられていることを知った。ガンディーは自分がおもにヒンドゥーの代弁者として、しかも「ヒンドゥー・カースト」として扱われており、インドの人口の残り半分については、「その他の共同体」からそれぞれイギリスの首相によって選ばれた代表が代弁者となっていることを知って憤慨した。

ガンディーは自分自身はヒンドゥーではあるけれども、これまで彼が率いてきた政治運動は共同体中心の運動ではなく、完全に普遍的なもので、支持者はインドのあらゆる宗教集団から集まっていると力説した。宗教上の線引きによって区別は可能だとしながらも、インドの人口を分類する別の方法も妥当性において劣るものではないという事実を彼は指摘した。ガンディーはイギリスの支配者に、インド人の多様なアイデンティティは〔一人の人間に同時に〕複数存在するものであることを理解するよう強く求めた。実際、彼はとくにヒンドゥーのために代弁したいのではなく、「インド人口の八五パーセント以上」を占める「黙し、苦労し、なかば飢えた何百万もの人びと」のために声をあげたいと語った(13)。さらに、もう少し努力すれば、残りの人びと、すなわち「諸侯……地主階級、知識階級」の代弁も可能だと、付け加えた。

性別は重要な区別の根拠であるのに、ガンディーの指摘によれば、イギリス政府の分類ではそれが無視されており、そのためインド女性の問題を考慮するうえではなんら特別な場が設けられていなかった。彼はイギリスの首相に対し、「あなたは女性のために特別な代表を設けることを、完全に拒否してきた」と述べ、さらにこう指摘した。「彼女らは偶然にもインドの人口の半数に当たるのです」。ガンディーとともに円卓会議にやってきたサロージニー・ナーイドゥが、会議に出席したただ一人の女性の代表だった。彼女がインドで圧倒的多数の勢力をもつインド国民会議党〔国民会議派〕の党首に選ばれたという事実にガンディーは言及した（選出されたのは一九二五年であり、偶然にもイギリスの主要政党党首に女性が選出される、つまり一九七五年にマーガレット・サッチャーが党首になる五〇年前のことだった）。サロージニー・ナーイドゥは、イギリスの支配下で採用された「代表制」の理屈からすれば、インド人の半数、つまりインド女性を代表することができた。会議に出席した別の代表アブドゥル・カイユームは、サロージニー・ナーイドゥを「インドのナイチンゲール」と呼び、一堂に会した人びとのなかで彼女が著名な詩人である事実も指摘している。これはヒンドゥーの政治家として見なされることとは異なったアイデンティティである。

ロンドン訪問中、王立国際問題研究所で開催された会議で、ガンディーは「全国民の生体解剖」に抵抗しようとしているのだとも述べた(14)。もちろん、最終的にガンディーは「一つの国にとどまる」試みに成功したわけではないが、インド国民会議党のほかの指導者が容認できなくなるまで——一九四七年のパキスタン分離独立を防ぐために——多くの時間を交渉に費やすことを彼が望んでいたのは知られている。ガンディーは、二〇〇二年に彼の故郷のグジャラート州で、党派的なヒンドゥーの指導者に組織されてムスリムに対する暴動が起きたことを知れば、非常に苦しんだだろう(15)。それでも、このような蛮行がインドの社会全般から轟々たる非難を浴びたことには、ガンディーも安堵しただろう。その後（二〇〇四年五月）に実施されたインド総選挙において、グジャラートの暴動に関係した政党が大敗を喫したことにも、こうした世論は影響を及ぼした。

一九三一年にロンドンで行われた円卓会議でガンディーが述べた論点と無関係ではないが、人口の八〇パーセント以上がヒンドゥーであるインドが今日、シク教徒の首相（マンモーハン・シン）によって率いられ、ムスリムの大統領（アブドゥル・カラーム〔二〇〇七年まで在任〕）を元首とし、与党（インド国民会議）はキリスト教徒の女性が総裁を務めている事実に、ガンディーはいくらか元気づけられただろう。そのような共同体間の混合は、文学から映画やビジネス、スポーツにいたるまで、インドの暮らしの大多数の分野で見られ、取り立てて特別なこととは考えられていない。たとえば、ムスリムはインドで最も裕福な実業家の地位（アズィーム・プレームジー、〔二〇〇五年まで〕インド随一の資産家でもあった）や、インドのクリケットチームの主将（パタウディとアズルディン）や、女性テニス選手で初の本格的な国際スター（サニア・ミルザ）の地位を占めているだけではない。こうした分野において彼らはみな、インドのイスラム教徒としてとくに見なされているのではなく、一般のインド人として考えられているのである。

インディラ・ガンディー首相がシク教徒の護衛兵に暗殺された直後に起きた、シク教徒の虐殺に関する司法報告書について、近年、国会で討議が行われたなかで、マンモーハン・シンはインドの国会で次のように述べた。「私はシク教徒だけでなく、インド国民全体に謝罪することになんのためらいもない。一九八四年に起きたことは国家であることの概念と、われわれの憲法で定められたことを否定するものだからだ」[16]。マンモーハン・シンの多様なアイデンティティは、彼が謝罪したこのときも、インドの首相としての彼の役割にも、インド国民会議党の指導者としても（一九八四年当時、同党が政権に就いていた）、彼がその一員であるシクの共同体に対しても（彼はいつも青いターバンを巻いている）、インド国民全体に対しても――もちろん、彼もインドの一国民である――きわめて顕著に見られる。人びとがそれぞれ唯一のアイデンティティの「単眼的」な視点から見なされるのであれば、こうしたことすべてが不可解に思われるかもしれないが、アイデンティティと役割の多様性は、ガンディーがロンドンの会議で述べていた根本的論点と合致するのである。

インドは、ムスリムが多数を占める世界のほぼどの国よりも多くのムスリム人口を抱える（パキスタンとほぼ同数の一億四五〇〇万人以上）。だがこの国では、イスラムの名のもとに活動する国内出身のテロリストがきわめて少なく、アルカイダと関係する者はほぼ皆無であり、このような事実については、多くのことが書かれてきた。そこには多くの因果的影響がある（評論家で作家のトマス・フリードマンが論じたように、成長するインドの統合経済の影響もその一つだ[17]）。しかし、それはインドの民主政治の本質のおかげでもあり、またマハトマ・ガンディーが提唱した考え、すなわち宗教的民族性以外にも多くのアイデンティティがあり、人の自己理解にとっても、国内に暮らすさまざまな背景をもつ国民相互の関係にとってもそれらが重要であるという考えが、インドでは幅広く受け入れられてきたことも、一役買っているのである。

私は同じインド人として、次のように述べることに少々気後れがすることを認める。マハトマ・ガンディーをはじめとするさまざまな指導者（「インドの考え」で明晰な分析を示したインド最大の詩人ラビンドラナート・タゴールもその一人であり、彼は自らの家庭環境を、「ヒンドゥー、ムスリム、およびイギリスの三つの文化が合流したもの」と描写した）のおかげで、インドはイスラム教に関連した国内発生のテロをかなり防ぐことができているのである。こうした問題は現在、イギリスを含め、いくつもの欧米諸国を脅かしている。だが、ガンディーが「全国民が生体解剖され、ばらばらにされるところを想像してください。そこからどうやって一つの国をつくりあげられるでしょうか？」と問いかけたとき、彼はインドだけに言及していたのではなく、もっと一般的な懸念を表明していたのである。

その疑問は、インドの将来に対するガンディーの深い憂慮の念に動かされたものだった。だが、問題はインドだけに限らず、一九四七年までインドを支配していた国を含め、どの国においても起こりうるものなのだ。インドを支配したイギリスが、人びとを宗教的民族性によって定義づけ、どんなアイデンティティよりも共同体中心の見方にあらかじめ定められた優先性を与えることを支援してきたとガンディーは考えていた。それが引き起こす悲惨な結果が、悲しいかな、支配者自らの国をも悩ませるようになったのかもしれない。

一九三一年の円卓会議は、ガンディーの思惑どおりにことが進まず、彼の唱えた異議ですら、その発言者がだれか記載されることもなく、わずかに記録にとどめられただけだった。イギリスの首相に向けた穏やかな苦情のなかで、ガンディーは会議の席でこう述べている。「こうした報告書の多くに反対意見があることに気づかれるでしょう。そうした反対意見は残念ながらほとんどの場合、私によるものなのです」。だが、国を宗教と共同体の連合として見なすことを拒否する慧眼は、彼だけ「のもの」ではなかった。それは、ガンディーが注意を喚起していた深刻な問題を見ようとする人びとのものでもある。それは今日、イギリスのものにもなりうる。少なくとも、私はそう願っている。

# 第9章　考える自由

私が初めて殺人事件に遭遇したのは、一一歳のときだった。イギリスによるインド統治末期を象徴する共同体間の暴動が頻発した一九四四年のことだ。統治時代が終わったのは一九四七年である。おびただしく出血している見知らぬ人が、突然うちの門から庭に転がり込んでくるのを私は見た。助けを求め、水を少しくれと言いながら。私は両親に向かって叫び、水を汲みに行った。父はその負傷者を病院に急いで連れていったが、彼はそこで息を引き取った。カデル・ミアという名前の人だった。

独立に先立って起きたヒンドゥーとムスリムとのあいだの暴動は、その後、この国をインドとパキスタンに分裂させる道筋をもつくった。大虐殺はにわかに始まり、普段は平穏なベンガルにも波及した。カデル・ミアはダッカで殺された。分割前のベンガルの——カルカッタに次ぐ——第二の都市ダッカは、分割後、東パキスタンの首都になった。父がダッカ大学で教えていたので、私たち家族は大学からさほど遠くない、ダッカ旧市街のワリと呼ばれる地区に住んでおり、その一帯は偶然、おもにヒンドゥー居住区になっていた。カデル・ミアはムスリムであり、彼を襲ったヒンドゥーの殺し屋たちにとって、彼がもつそれ以外のアイデンティティはどうでもよかったのである。その暴動の日、ムスリムもヒンドゥーも何百人もが殺され、そうした事態が何日も続いた。

突然の大虐殺はどこからともなく始まったようだが、それはもちろん、国の分割を熱心に求める政治的要求とさまざまなかたちでつながり、党派的な推進運動によって念入りに画策されたものだった。流血をともなう暴動は長くは続かず、分割後のベンガルのどちら側でもまもなく消滅することになった。ヒンドゥー・ムスリム暴動の激しさはすぐに収まり、やがて人びとの自分や他者に対する見方も変わり、人間のアイデンティティの別の側面が重視されるようになった。実際、私の故郷のダッカではわずか数年のうちにベンガル愛国主義が燃え盛り、ベンガルのムスリムとヒンドゥー双方に共通するベンガルの言語、文学、音楽、文化が大いに称賛されるようになった。ベンガルに共通する文化の豊かさに対する強い誇りが取り戻されたことは、それ自体が重要だった。なにしろ、ヒンドゥー・ムスリム暴動の猛威で混乱するなかで、そうした誇りはひどく傷つけられていたからだ。しかし、そこには強い政治的な相関関係もあった。なかでも東パキスタン（つまり、パキスタンのベンガル側半分）では、不完全に統合されたイスラム国家の東西間における政治権力、言語的地位、経済機会のいちじるしい不平等に対する不満と結びついていた。

パキスタン国内でベンガル人が疎外されたことが、最終的に一九七一年一二月のパキスタン分割にまで結びつき、世俗主義と民主主義を掲げる新しい国家バングラデシュが、ダッカを首都として形成された。一九七一年三月のダッカの大虐殺は、分離にいたる苦難の過程で、パキスタン軍がベンガル人の反乱を必死に鎮圧しようとしたために起きた。そのため、人びとの同一性《アイデンティティ》の共有意識は、宗教ではなく、言語と政治による境界線に沿って対立していた。なにしろ、西パキスタン出身のムスリム兵士が、おもにムスリムからなる東パキスタンの反体制活動家（もしくはそう疑われた人びと）を痛めつけ、殺していたからだ。この大虐殺以降、新たに結成された「ムクティ・バヒニ」（「自由旅団」）が、パキスタンからのバングラデシュの完全な独立のために戦うようになった。「自由のための闘い」をあおった人びとのアイデンティティの分裂は、宗教上の違いではなく、むしろ言語と文化（そして、もちろん政治）にしっかりと結びついたものだった。

カデル・ミアの死後六〇年を経て、一九四〇年代に起きたヒンドゥー・ムスリム間の流血の暴動を思いだそうとしても、あのような恐ろしい事態が実際に起きたのかどうか、自分を納得させるのが難しい。だが、ベンガルにおける共同体間の暴動は完全に一時的な、つかのまの出来事だったとはいえ（インドではその後も何度か別の地域で暴動に発展したものがあったが、一九四〇年代の事件とは規模および範囲の面で比較にならない程度のものだった）、そのあとには何千人ものヒンドゥーとムスリムの死者が残されていた。殺戮を（それぞれ「わが同胞」と呼ぶもののために）そそのかした政治的扇動者は、元来は平和的なヒンドゥー、ムスリム双方の多数の人びとを説得して、大義のために身を捧げる殺し屋に変身させたのだ。人びとは自分たちを（「相手の共同体」に復讐を遂げなければならない）ヒンドゥーもしくはムスリムとしてのみ考えるように仕向けられ、それ以外のどんな存在でもなくなっていた。インド人でもなければ、インド亜大陸の人間やアジア人でもなく、同じ人類の一員でもなく。

双方の共同体の大多数は、そのような狂信的な考え方はしなかったものの、あまりにも多くの人が危険な思考様式に突然とらわれてしまい、なかでも凶暴な者が――たいがいはそれぞれの共同体の問題の多い末端で――「われわれを殺す敵」（それぞれにこう定義されていた）を殺すようにそそのかされていった。多くの側面をもつ人びとは、党派的な単一基準の濁ったレンズを通すことによって、それぞれただ一つの宗教――より正確に言えば宗教的民族性――に関連したアイデンティティしかもたない人間と見なされていた（なにしろ、自分が受け継いだ宗教を実践しないからといって、攻撃を受けずにすむわけではなかったのである）。

ムスリムの日雇い労働者だったカデル・ミアは、ごくわずかな賃金のために近所の家に向かう途中で、刃物で襲われた。カデル・ミアを路上で刺したのは、彼がだれか知りもせず、おそらくはそれまで一度も彼を見たこともない人びとだった。一一歳の子供にとって、この事件はまさしく悪夢であっただけでなく、なんとも不可解な出来事だった。なぜ突然、人が殺されなければならないのだろう？　しかも、犠牲者のことを知りもしない人間によって、なぜだ？　彼が殺害者たちにどんな危害を加えたというのだ？　カデル・ミアがただ一つのアイデンティティ――叩きのめし、できれば殺す「べき」である「敵」側共同体の一員というアイデンティティ――しかもたない人間と見なされていたことは、まったく信じがたいことに思われた。困惑した子供にとって、アイデンティティをめぐる暴力はとてつもなく理解しがたいものだった。困惑した老人になったいまでも、この問題は容易に理解できるわけではない。

車で病院に駆けつけるあいだに、カデル・ミアは私の父に、共同体間の暴動が起きているあいだは、敵地に入らないよう妻から言われていたと語った。だが、家族に食べさせるものがなく、彼はわずかな収入を得るために、仕事を探しに出かけなければならなかった。家計が逼迫して必要に迫られたことの報いが、死を招く結果になったのだ。経済的貧困と広範囲に及ぶ不自由（生きる自由すら失うこと）の恐ろしい結びつきは、圧倒的な威力をもって私の子供心に、深い衝撃を与えながら刻まれた。

カデル・ミアはムスリムの犠牲者として死亡したが、彼はまた困難な時代に家族が生き延びるために、わずかな仕事と少しばかりのお金を必死に求める働き口のない貧しい労働者として死んだとも言える。どんな共同体でも、最下層の人びとがこのような暴動でいちばん犠牲になりやすい。彼らは日々の糧を探し求めて、まったく無防備のまま出歩かなければならないし、あばら屋は暴力集団に容易に押し入られ、荒らされがちだからだ。ヒンドゥー・ムスリム暴動では、ヒンドゥーのならず者がムスリムの貧しい弱者を簡単に殺したし、かたやムスリムのならず者も困窮したヒンドゥーの犠牲者を勝手に殺害した。むごたらしく犠牲となった双方の人びとの共同体アイデンティティはかなり異なるが、彼らの（経済手段に欠く貧しい労働者としての）階級アイデンティティはほぼ同じなのだ。だが、単一基準の分類ばかりが注目される、偏った見方がなされていた時代には、宗教的民族性以外のアイデンティティは重視されなかった。ひたすら対立する現実という幻想は、人間を極端に矮小化させ、主役として考える自由を奪ってきたのである。

## 暴力の醸成

今日、世界各地で起きている党派的な暴力行為も、六〇年前と変わらず野蛮であり、還元主義的である。粗暴な残忍さの根底には、人びとのアイデンティティに関する概念上の大きな混乱もあり、そのために多面的な人間が一面しかない生き物におとしめられている。一九九四年にフツ族殺害の暴徒に加わるよう駆り立てられた人びとは、暗黙のうちであっても、自らをルワンダ人やアフリカ人、あるいは人間として（標的とされたツチ族も共有するアイデンティティ）ではなく、ただフツ族として認識するように求められ、「ツチ族に借りを返してやる」義務があるのだと考えさせられていた。大量殺戮のあと、私の友人のパキスタン人で、国連事務総長によってルワンダに派遣されていた信任の厚い上級外交官であるシャハリヤル・カーンがのちにこう語った。「われわれはお互い一九四〇年代のインド亜大陸における暴動の最悪の蛮行を見てきたが、ルワンダで起きた殺戮の圧倒的な規模と、組織的な大虐殺の周到さは、私にとっても想像を絶するものだった(1)」。ルワンダにおける虐殺と、隣国のブルンジでフツ族とツチ族のあいだで起きた関連の暴力事件によって、わずかな期間に一〇〇万人以上もの人命が奪われたのである。

人を憎むことは容易ではない。オグデン・ナッシュの詩（「悪意を減らし皆無にするための願い」）は、これについて適切に表現している。

学校に行くような子供でも、呆けたように愛することはできる、
だがな、憎むには技が必要だ。

それでも、異なる集団間に多くの憎しみと暴力的な紛争があるのを見れば、すぐに疑問が生じてくる。「その『技』はどう作用するのだろうか？」

単一基準のアイデンティティという幻想は、そのような対立を画策する者の暴力的な目的に見合うものであり、迫害や殺戮を指揮する者によって巧みに醸成され、助長されるものだ。対立目的に利用できる単一のアイデンティティという幻想をかきたてることが、暴力をあおることを専門にする人びとを惹きつけるのは驚くべきことではないし、そのような還元主義が求められている事実にも、なんら不思議はない。だが、間違いなく多様な帰属関係が存在する世の中にあって、その命題は驚くほど単純である。そう考えると、単一基準を培養することがなぜこれほど成功するのかは、大きな謎である。人がもつ多様なアイデンティティから一つだけをとりあげて、その観点からのみその人を見ることは、知的な行為としては（これまで論じてきたように）たしかにひどく稚拙なものだ。それでも、その効果のほどから判断すると、単一基準というつくりだされた妄想をやすやすと擁護し推進できるのは明らかだ。暴力的な目的のために単一のアイデンティティを主張する際に

は、一つのアイデンティティ集団――目下の暴力目的と直接結びついている集団――を選び出して とくに焦点を絞るかたちをとる。そこから特定のものを強調し鼓舞することで、その他の関係や帰属の重要性を失わせる方向へと進む（「そんなよその問題についてよく語ることができるね？　同胞が殺され、女性たちはレイプされているというのに？」）。

暴力を促進する好戦的な「技」は、原始的な本能を頼りにして、利用するものであり、それによって考える自由と、冷静で論理的な思考の可能性を締めだす。だが、そのような技はある種の論理――断片的な論理――にも頼っていることに、われわれは気づかなければならない。特別な活動のために選別された特殊なアイデンティティは、たいていの場合、勧誘される人の生来のアイデンティティだ。フツ族となるのは実際にフツ族であり、「タミルの虎」は明らかにタミル人であり、セルビア人はアルバニア人であってはならないし、ナチズムに感化される反ユダヤのドイツ人は、たしかに非ユダヤ系のドイツ人なのだ。その自己認識の意識を殺害の道具に変えるためになされることは、①それ以外のあらゆる帰属と関係の重要性を無視し、②「唯一」のアイデンティティの要求をことさら好戦的なかたちに再定義することである。ここに、概念上の混乱とともに不穏な影が忍び寄ってくる。

## 高尚な理論の底辺で

人の思考をそれぞれ一つのアイデンティティだけに限定させるのは、ひどく無遠慮な要求に思われるかもしれない。だが、人びとを単一基準のアイデンティティの枠内に押し込めることが、文化や文明に関する多くの高尚な理論の特徴でもあることを思いだすのは重要であり、実際のところ、（すでに論じてきたように）それらは現在かなり影響力をもっている。こうした理論はもちろん、暴力を擁護するものでも、容認するものでもない。むしろ、その正反対である。ところが、これらの理論は人間を多様なアイデンティティをもつ存在としてではなく、ある特定の社会集団——つまり共同体——の一員として理解しようとするものだ。集団の一員であることは、もちろん重要になりうるが（人またや個人に関するまともな理論であれば、そのような社会関係を無視することはできない）、人それぞれにつき一つの帰属集団にしか注意を払わない（その他はすべて無視する）ことによる人間の矮小化は、われわれの多様な関係やかかわりごとの幅広い重要性を一撃で抹消するものなのだ。

たとえば、文明による分類を好む人は、インドをたびたび「ヒンドゥー文明」として分類整理してきている。そう説明することは（すでに論じたように）、なによりもインドに一億四五〇〇万人以上のムスリムがいることに（インドにいるシク教徒、ジャイナ教徒、キリスト教徒、ゾロアスター教徒などについては言うまでもなく）ほとんど関心を払っていないし、またこの国で宗教とはなんら関係なく、政治、社会、経済、商業、芸術、音楽など、さまざまな文化活動へのかかわりを通じて縦横につながっている人びとの関係も無視している。さほどあからさまにではないが、強い影響力をもつ共同体主義《コミュニタリアニズム》の学派も、共同体への帰属にもとづいた、一人につき一つのアイデンティティのみを神聖視しており、人間を複雑で難解な社会的な生き物という本来のわれわれの姿につくりあげる、その他もろもろの共有意識を事実上ないがしろにしている。

こう考えると、コミュニタリアニズムの思想でも、少なくとも一部では、アイデンティティへの建設的なアプローチとして、人をその人の「社会的文脈」のなかで評価しようとし始めたことは興味深い。(2) しかし、人間をより「完全に」――そしてより「社会的に」――見ようとする実に称賛すべき理論上の試みとして始まったものも、その大半は人をただ一つの集団の一員としておもに考える、きわめて限定された理解に終わってきた。それでは、残念ながら、「社会的文脈」として十分ではない。それぞれの人には多様な関係やこだわりがあり、それぞれの重要性は状況しだいで大きく異なるものだからだ。「人を社会のなかに位置づける」称賛すべき作業のなかで暗に示されている視野の広さとは裏腹に、その視野を実際に応用する段になると、人に備わった複数の社会的関係の重要性はたいがい無視され、その人の「社会的状況」の多様な特徴の豊かさはひどく軽視されることになる。その根底にある視野は、人間性を極端に単純化したかたちで見ているのである。

## ■「単眼的」な幻想がもたらす報い

人間のアイデンティティを「単眼的」に矮小化することは甚大な影響を及ぼす。人びとを柔軟性のない一意的なカテゴリーに分類する目的のために引き合いにだされる幻想は、集団間の抗争をあおるためにも悪用されうる。文明ごとの区分けやコミュニタリアニズム的な閉じ込めなど、単眼的な特徴をもつ高尚な理論はもちろん、対立の種をまくことを目的にしているわけではまったくなく、むしろ、その逆である。「文明の衝突」論が登場し、推進されたとき、その目的は既存の現実として認識されているものを特定することだった（これが間違った方法で行われていることを私は論じてきたが、その動機づけと推進力はまた別問題である）。それに、理論家たちは自分たちが対立を「発見している」のであって、それを生みだしている――もしくは増加させている――と考えていたのではない。

それでも、理論は社会の思想や政治活動、公共政策に影響を及ぼすことができる。人間を意図的に単純化して単一基準のアイデンティティに押し込めれば、対立を生む結果になり、世界に紛争の火種を撒き散らすことになるかもしれない。先述したように、インドを「ヒンドゥー文明」として還元主義的に特徴づけた理論は、いわゆるヒンドゥトゥワ運動の党派的な活動家から大いにもてはやされた。実際、インドを単純化する見解を支持すると考えられる概念的な分類は、当然のことながら、そのような活動家の運動でも引き合いにだされやすい。二〇〇二年にグジャラート州で引き起こされた暴動では、そのような運動の過激派が中心的な役割すら演じたため、結果的に犠牲者の多くはムスリムだった。理論はときには実際の衝突において、理論家自身が予想した以上に重大なものとして解釈されるのである。そして、こうした理論が概念的に混乱しているだけでなく、党派的な排他主義を強調するのにおあつらえ向きとなれば、社会的対立と暴力を指導する者から大歓迎されるだろう。

同様に、イスラムの排他性を標榜する理論は、ムスリムがもっているその他すべてのアイデンティティ（彼らの宗教的な帰属関係に加えて）の重要性を軽視しており、そのため暴力的に解釈された聖戦《ジハード》（激しい扇動にも、平和への努力にも利用しうる都合のよい言葉）を支持する概念的根拠を提供するものとして利用されるだろう。この手段を通じて暴力をあおる例は、イスラム系テロリズムという誤解されやすい名称の活動の近年における動向に、数多く見受けられる。ムスリムがもつ多様なアイデンティティ、たとえば学者や科学者、数学者、哲学者、歴史家、建築家、画家、音楽家、作家としてのアイデンティティが築いてきた歴史的な豊かさは、ムスリムの過去の功績（およ び、第3章から第6章で論じてきたように世界の遺産）に数多く貢献してきた。ところが、好戦的な宗教のアイデンティティがかたくなに主張され、破壊的な効果がもたらされることによって――および理論の多少の助けを借りて――そのような豊かさも圧倒されてしまうのである。

前述したように、今日、不満を抱えるムスリムの活動家がなぜイスラム教の宗教的な功績にばかり専念しなければならないのか、それを説明する根拠はない。彼らが組織的な屈辱や不平等と関連づける現代世界を変えるために、なにができるか決める際に、なぜさまざまな分野でムスリムが成し遂げてきた偉大な成果を顧みないのかは不明だ。しかも、人びとを好戦的な宗教アイデンティティという観点からのみ、単眼的に理解することがもたらす還元主義は、暴力的なジハードを推進する者によって破壊的なかたちで展開され、ムスリムが自分たちの膨大な歴史的伝統に沿って容易に進みうる別の道をすべて閉ざしてしまうのである。

同様に他方で、このようなテロに抵抗し闘ううえで、宗教的なアイデンティティ（この種のテロ組織が実行者の勧誘に利用する際に頼るもの）のみを引き合いにだすべきではなく、むしろ人間がもつ多くのアイデンティティの豊かさを思い起こさせなければならない、正当な理由はある。ところが前述したように、テロに抵抗するための知識人の活動は、関係する宗教を非難するか（イスラム教もこのような状況で散々叩かれてきた）、当該の宗教を「味方」に引き入れるために定義（または再定義）しようとすること（トニー・ブレアの心をそそる言葉を借りれば、「イスラムの穏健かつ真の声」を想起させるなどして）にとどまりがちである。イスラム過激派には、イスラムの信仰以外にムスリムがもつあらゆるアイデンティティを否定する理由があったとしても、そうした過激行動に抵抗したい人までがなぜ、イスラム教のそのような解釈の仕方にそれほど頼り、ムスリムがもつその他のアイデンティティに目を向けないのかはまるで定かではない。

ときにはそのような単一基準は、イスラム教徒としての一般的なカテゴリーが許容する以上に狭いものにもなる。たとえば、シーア派とスンナ派の違いは、ムスリムのこの両宗派間の党派的な暴力の目的にいちじるしく利用されている。パキスタンからイラクまで、その紛争はさらに狭義に定義されたアイデンティティの暴力に、別の次元を加えている。実際、本書を書き終える時点で、イラクの新しい憲法がスンナ派の指導者から、あるいはシーア派やクルド人の指導者から、どれだけの支持を得るかはまだわからないし、将来どんなことが起こりうるのかもわからない。

イラクの統一はもちろん、西洋の植民地主義者によって恣意的に引かれた国境や、情報不足で気まぐれな介入が必然的に引き起こした対立など、多くの歴史的要因によって妨げられている。しかし、それに加えて、占領軍指導部の党派中心の政治的対応（ガンディーが大いに不満を抱いた英領インドに対するイギリス政府の対応とさほど変わらない姿勢）もまた、すでに存在していた火種に油を注いだのである。

イラクを共同体の寄せ集めのように見なし、個人をただシーア派やスンナ派、あるいはクルド人としてのみ扱う見方が、イラク情報に関する欧米諸国の報道に多く見受けられるが、こうした見方はフセイン後のイラク政治の展開にも反映されている。サドゥーン・アル・ズバイディー（イラク憲法委員会の一員）はBBCのジェームズ・ノーティに、「私のことはスンナ派としてではなく、イラク人として説明してもらえませんかね？」[3]と、注文をつけるかもしれない。それでも、イラクにおける党派的な政治に、この国で起きている混乱した過激行動が加われば、今日イラクやイラク政府が直面する共同体間の問題も、いずれはあの難題だらけの国で、より広義で国家的なものにとって代わるだろうと期待することは難しくなる。

アメリカ主導の政治的取り組みは、イラクを国民によって構成された国ではなく、宗教集団の集合体として見がちであるため、ほとんどの交渉ごとでは宗教集団の指導者の決断や発言に重点が置かれる。この国に以前から存在していた緊張や、占領そのものが生みだした新たな緊張を考えればもちろん、これはたしかに進めやすい方法だった。しかし、短期的に容易な道が、一国の将来を築くうえで最善の道とは限らない。非常に重要なことの成否にかかわる問題の場合はとくにそうだし、国というものを宗教的民族性の集合体ではなく、国民の集まりとして考える必要性が問われる場合はなおさらだ。

この問題は、歴史も背景もまったく別の国であるイギリスの例をあげて、前章でとくに論じてきた。一つの国を共同体の連合として見なし、個人は国に属する以前に、そうした共同体に属すると考えることの基本的な難点は、どちらの場合にも見られるのだ。ガンディーは、そのような共同体中心の単一的な帰属化を助長し、優先させることを、国民の「生体解剖」と呼んだ。そのような派閥化を政治的に憂慮すべきなのは当然である。イラク人のアイデンティティに、宗教のほかにも性別や階級など複数のものが存在することに注目することも、きわめて重要である。一九三一年にガンディーがインドを統治していたイギリスの首相に、女性は「インドの人口の半数に当たるのです」と注意を喚起したことを思いだす。現代のイラクにもなにかしら通じる考え方である。イラクにおいてこのような幅広い関心事に目を向ける必要性は、今日もこれまでと変わらず強い。

## グローバルな声の役割

単眼的な幻想は、グローバルなアイデンティティを人びとがどう見なし、引き合いに出すのかという点にも、密接にかかわってくる。人には一つのアイデンティティしか与えられないのであれば、国民としてのアイデンティティと、グローバルなアイデンティティとのあいだの選択は、「全か無か」の葛藤になる。そして、われわれが地球規模で抱くかもしれない帰属意識と、やはりわれわれを動かすだろう共同体への忠誠心とのあいだの葛藤でも、同じことが言える。だが、問題をこのように白か黒かの排他的な観点からとらえる見方には、人間のアイデンティティの本質に対する著しい誤解が反映されている。なかでも、アイデンティティが必然的に複数あることを見落としている。グローバルなアイデンティティの要求を考慮する必要性を認めることは、地元や国内の問題に多くの関心を払う可能性を排除するものではない。優先順位を決めるうえで論理的思考と選択が果たす役割は、そのような二者択一の形態をとる必要はない。

本書では、グローバルな規模に及ぶいくつかの経済、社会、政治的な問題、およびそれらに関連する政策課題で、早急に対応しなければならないものを明らかにしようと試みてきた。とりわけ、グローバル化をより公正な取り決めにするうえで必要な変化を促す制度改革は、強く主張したい。不安定な暮らしを送る弱者が直面する難題は、さまざまな側面から取り組まれなければならない。

必要とされる行動は国家政策（教育と公衆衛生を緊急に普及させることなど）から、国際的な取り組みや制度改革（武器取り引きを抑制し、豊かな経済国の市場に貧困国が参入する機会を増やし、特許法や経済的誘引の制度が、世界の貧しい人びとの必要とする薬の開発や有効利用に役立つかたちにすることなど）まで多岐にわたる。こうした変化はそれ自体が重要なものになるだろうが、第7章で論じたように、それらはより多くの人間の安全保障にもつながり、テロやその訓練に容易に勧誘されるのを防ぐことにも寄与するだろう。

また世界の歴史を論ずる際には、思想や知識に関する公正さという問題もあり、これは人類の過去をより完全に理解するうえでも（それは些細な仕事ではない）、アイデンティティの対立を悪気のないままに助長する西洋の全面的な優位性という誤解を解くためにも重要である。たとえば、ヨーロッパやアメリカにいる移民出身者が、西洋文明についてもっと学ばなければならないという議論が近年ある――当然のことだが――一方で、「昔ながらのイギリス人」や「昔ながらのドイツ人」、「昔ながらのアメリカ人」などが世界の知識や思想の歴史について学ぶべき必要性も強調すべきことに関しては、いまだに驚くほど低い認識にすぎない。

科学から数学、工学、哲学、文学にいたるさまざまな分野で、世界各地の歴史のなかに、卓越した功績があるばかりではない。現在、「西洋文明」とか「西洋科学」と呼ばれているものの多くの要素の基盤は、（第3章から第7章で論じたように）世界の多様な国々からもたらされた貢献に深く影響されたものなのだ。「その他」の社会が果たした役割を顧みない文化論や文明論は、「昔ながらのヨーロッパ人」や「昔ながらのアメリカ人」の知的な視野をせばめて、彼らの教育を奇妙に断片的なものにするだけではない。それはまた反西洋運動に誤った分裂と対立の意識を与え、それがおおむね人為的に引かれた「西洋と反西洋」の対立軸沿いに、人びとを分割することにも寄与するのである。

## ありうべき世界

予測できる将来に、民主的な地球規模の国家を設立するのは不可能だという点は、しごくもっともなことながら、よく指摘されている。たしかにそのとおりなのだが、それでも民主主義を公共の論理という観点から見るのであれば（これまで論じてきたように、そう見るべきだが）、それもとくにグローバルな問題に対する世界規模の議論の必要性を考えれば、われわれはグローバルな民主主義の可能性を、未来永劫にわたって凍結する必要はない。それは「全か無か」の選択ではないし、公共の議論を幅広く推し進めることは、たとえそのプロセスの範囲に多くの避けがたい制約や弱点が残ったとしても、強く主張してしかるべきだ。グローバルなアイデンティティを実践するうえでは、もちろん国連をはじめ、多くの機関の利用が考えられる。しかし、人びとが献身的に取り組む可能性もあり、すでに市民団体や多くのＮＧＯ、報道機関の独立部門などによってそれらは始まっている。

さらに、問題意識をもつ大勢の個々の人びとが始めた取り組みも、重要な役割を担っている。彼らはグローバルな正義に（「正義の及ぶ範囲は……さらに拡大する」という、前述したデイヴィッド・ヒュームの予測に沿って）、より多くの関心を払うべきだと要求するようになっている。ワシントンやロンドンの政府関係者は、イラクにおける連合軍の戦略がさまざまな方面から批判を浴びたことにいらだっているかもしれない。それはちょうどシカゴやパリや東京の人びとが、いわゆる反グローバル化の抗議の一部によるグローバル企業の糾弾にたじろいでいるようなものだ。反対運動家が主張する論点はかならずしも正しくないが、私が例証を試みたように、その多くは非常に重要な問題を提起しており、それによって公共の議論に大きく貢献している。これは完全に制度化された巨大な地球国家の出現を待たずして、すでに始まっているグローバルな民主主義の動きの一環なのである。

現代の世界には、グローバル化した時代の経済や政治だけでなく、グローバルな世界の概念をかたちづくる価値観や倫理、それに帰属意識にも疑問の声をあげる切迫した必要性がある。人間のアイデンティティを「単眼的」でない方法で理解すれば、そのような問題を問い直すうえでも、われわれの国家への義務や地元への忠誠心を、グローバルな帰属意識と完全に置き換え、巨大な「世界国家」の仕組みのなかに反映させる必要はないのである。むしろ、グローバル・アイデンティティはわれわれがもつその他の忠誠心を抹消することなく、当然認められるべきものとして、受け止められ始めているのだ。

状況はかなり異なるが、（人種的にも文化的にも、関心事や歴史的な背景もまるで異なる人びとの集団である）カリブ人を統合して理解するなかで、デレック・ウォルコットがこう書いている。

その瞬間は見たことがない
心が水平線によって二つに引き裂かれたときは……
ベナレスからきた金細工師や、
広東からきた石工にとっても、
釣り糸が沈むにつれ、水平線は
記憶のなかに沈む(4)。

本書のテーマでもある人間の矮小化に抵抗することによって、われわれは苦難の過去の記憶を乗り越え、困難な現在の不安を抑えられる世界の可能性を開くこともできるのである。血を流しながら横たわるカデル・ミアの頭を膝に抱えながら、一一歳だった私にできることはあまりなかった。だが、私は別の世界を、手の届かないものではない世界を思い浮かべる。カデル・ミアと私がともに、お互いがもつ多くの共通したアイデンティティを確かめられる世界を（かたくなに対立する人びとがその入口で叫んでいても）。なによりも、われわれの心が水平線によって二つに引き裂かれないように気をつけなければならない。

# 監訳者解説

本書は Amartya Sen, *Identity and Violence: The Illusion of Destiny* (New York: W. W. Norton, 2006) の邦訳である。センは、「アイデンティティ」——自己認識、つまり個人が帰属する集団または属性と同化すること——は、文化・宗教・政治を背景としたものであっても、はじめから「与えられたもの」ないし「変えることはできないもの」と考えるのは誤りであり、そのような認識そのものが国家間や民族間の偏見や対立を助長しかねないという論を展開している。その世界観は倫理学や社会哲学、政治学、さらには経済学を包括した、セン特有のものであり、『自由と経済開発』(日本経済新聞社、二〇〇〇年) などにおいて展開される、センの開発論にも共通するものである。

本書の想定する読者層は、純粋に経済学を専攻する人や開発経済を扱う専門家というより、広く一般に向けられている。その主たるメッセージは、ポスト九・一一以降の混沌とした国際情勢にあって、「イスラム社会」対「西洋社会」のような単純化に陥ってはならない、「たまたまイスラム教徒に生まれついた人」が必ずしも「イスラム教義」に拘束される必要はなく、自由に価値を選択してよいとするものである。

アマルティア・センはこれまで社会開発における政策課題、すなわち、貧困、不平等、自由、制度、あるいは国際社会における新たな課題、とくにグローバル化、人間開発論、人間の安全保障などにおいて多くの発言を行ってきたが、本書においてはじめて本格的に「紛争」や「暴力」の問題をとりあげた。センの主張が綿密で説得力をもつのは、ケネス・アロー以降の社会選択論・厚生経済学を踏まえ、理論的な貢献も行いつつ、現実の開発や国際社会の問題に積極的に発言しているからである。

センの社会選択論における理論的貢献については、随所で紹介されているので、ここでは割愛する。ただし、本書の学問的源泉を理解するうえで念頭に置くべきは、センが研究の射程としている社会選択論とは「社会構成員たちの非常に多種多様な利益を考慮に入れるとき、いかにすれば社会は全体としてうまく機能していると断定できるか」「人びとの選好に適切に配慮しながら、彼らの権利や自由を調整するにはどうしたらよいか」ということを含めた集団的決定に関する広範囲な疑問に答えることであり、貧困、環境、ジェンダーといった社会的問題もその社会選択論の延長線上に位置づけられると述べている。

センは一九九八年にノーベル経済学賞を受賞した現代を代表する気鋭の経済学者であるが、彼の分析の視点は「合理的な愚か者」と批判する、狭隘《きょうあい》な個人主義的功利主義にもとづくものではない。センが重視している経済行動の動機とは、「共感」と「コミットメント」であり、これらを重視する点においてセン経済学はアリストテレスまでさかのぼることができる倫理学と接点を見出すことができる。セン学派が効用極大化・利潤極大化に代表される「工学的アプローチ」と異なる点は、まさにここにある。人は倫理的価値観で「コミットメント」を行い、その場合、個人は必ずしも利己的な行動をとらない。人びとが「共感」にもとづく意志決定をする限り、そこには社会的アイデンティティの存在を認めざるをえない。

センは自らを、「アジア人であるのと同時に、インド国民でもあり、バングラデシュの祖先をもつベンガル人でもあり、アメリカもしくはイギリスの居住者でもあり、経済学者でもあれば、哲学もかじっているし、物書きで、サンスクリット研究者で、世俗主義と民主主義の熱心な信奉者であり、男であり、フェミニストでもあり、異性愛者だが同性愛者の権利は擁護しており、非宗教的な生活を送っているがヒンドゥーの家系出身で、バラモンではなく、来世は信じていない（質問された場合に備えて言えば、「前世」も信じていない）」（39頁）アイデンティティをもつと述べている。センにとってアイデンティティとは一個の自由な個人が有する、多面的・複層的な概念であり、個人が単一的（たとえば文化・宗教のような）「アイデンティティ」に拘束されるのではなく、複数のアイデンティティのなかから、個人が理性により「選び抜く」ものである。もちろん、性別や国籍などの生来の属性はあるが、どの属性を自らと同一化《アイデンティファイ》させ、優先順位をつけるのか、それも選択する自由がある、としている。

その点において、マイケル・サンデル教授をはじめとするいわゆる共同体主義者《コミュニタリアン》が抱く固定的なアイデンティティ観とはまったく異なるものである。つまり、コミュニタリアンにとってアイデンティティの「認識」は、「発見」から出発しているのに対し、センにとっては「選択」から出発しているということである。人は時として、相矛盾する複数のアイデンティティのなかで思い悩むこともある。心理学で「アイデンティティ・クライシス」と呼ばれるものである。

アイデンティティが「社会化」すると、時に、集団レベルでの対立・紛争を誘発する。ゆえに、集団心理に惑わされない、「個人」による理性的な判断が要請されるのである。アイデンティティにおける多元性、選択、合理的判断を否定することは、暴力や野蛮のみならずいまも変わらない抑圧を生み出す原因となる可能性があるのである。対立・紛争の扇動者は敵対的なアイデンティティ像を押しつけようとする。ゆえに、人びとは選択する自由をもつべきなのである。いわば、個人の理性にもとづく自由選択を認めることが、紛争の扇動に惑わされずにいることにつながるという主張である。

そして、個人の自由意志を尊重し、民主主義をめざすことがまさにセンのいう「開発」の目的なのである。この主張はすでに、『貧困と飢餓』（岩波書店、二〇〇〇年）において、民主主義が発達した国（たとえば独立後のインド）では深刻な飢餓状態が発生することはなかったとの主張に現れている。また、『自由と経済開発』において、開発は自由の達成度によって評価されるべきだとしている。センが自由を尊重するのは、それによって人間の「潜在能力《ケイパビリティ》」を発揮することができると考えているからである。

潜在能力とは、ひとが自分の欲することを達成することができる能力のことである。また、ひとが達成することができることを、「機能《ファンクショニング》」と呼んでいる。センは所得や効用水準に開発の目的を求めることは誤りであり、むしろ人がどのような機能を達成できる潜在能力を持つかで判断している。またその潜在能力が欠如した状態を「貧困」と称している。したがって、センにとって、貧困を撲滅することは、所得水準を高めることではなく、潜在能力を高めることである。センのアプローチは貧困研究において、所得など表面に現れている数字を集計するだけでは見えてこない貧困の多様性、とくに非所得要因の重要性に研究者の注意を喚起した点において大きな貢献を果たしてきた。また、不平等の側面についても、この潜在能力の考えを基本とした理論的貢献を行ってきた（『不平等の再検討』岩波書店、一九九九年）。個々人の潜在能力をベースとした開発をセンは「人間開発」と呼び、所得水準をベースとする「経済開発」と区別しているのである。

ところで、この『アイデンティティと暴力』にはセンの祖国インド、とくに幼少期を過ごしたベンガル地方）に対する思い入れが随所に見られる。センにとってインドは母国であり、研究開発の原点である。イスラム教徒でありながら、非イスラム教徒に対して寛容であったとされるアクバル皇帝。タゴールの哲学や数学におけるインドの知的貢献。マハトマ・ガンディーの非暴力主義における価値の普遍性。独立後の民主主義の発展と多様な文化・宗教の共存。他方、近年台頭しているとされる、ヒンドゥー原理主義に対する嫌悪の念。さらに、少年時代にさかのぼる、インド国内の分裂とパキスタンの独立。本書を通じて、センのインドに対する複雑な感情が透けて見える。

しかし、センはインドの民主政治を手放しで称えているのではない。たとえば、インドの核保有に対してとくに批判的である。それは、インド知識人が拠り所としてきたガンディー思想に反するばかりか、中国やパキスタンとの外交関係においてもなんら実益をもたらさないということである。そのなかで、インドの核保有がパキスタンの警戒心をかきたて、文民政治が軍人政治にとって代わる危険性があることを指摘している。その後、実際に、インドに対抗するパキスタンも核実験を行い、軍事政権を樹立した。

一般によくいわれる、グローバル化が貧富の格差を拡大させるか、あるいは貧しい者を富ませる役割を果たしうるのか、という議論は無益であるとの立場にたっている。むしろ、世の中の取り決めに公正さを欠け、センが呼ぶところの「怠慢《オミッション》」と「遂行《コミッション》」の問題が介在するために、結果としてグローバル化の恩恵にあずかれない人びとが出てくるのが問題であるとしている。「怠慢」とは、なされるべき制度化（たとえば民主化、教育の普及など）が欠如しているために起こる不公正の問題であり、「遂行」とは、なされてはいけない制度化（たとえば貿易制限、武器輸出など）である。

アマルティア・センの問題関心は一人ひとりの個人にある。それが「人間の安全保障論」でめざす、人間の「生存」と「生活」を重視する安全保障に通ずる考え方である。それは、先に述べた潜在能力を重視する「人間開発」の考え方とも密接に関連するものであり、国家や軍事を中心とする従来の安全保障の考え方と対極をなすものである。人が安全に暮らすためには、人びとがこうむる不利益について関心をもち、それを軽減させることに関心を払わなければならない。それが経済的な不利益であれ、政治的な不利益であれ、人びとの潜在能力を制限することであれば、それを克服しなければならない。

こうした研究の積み重ねを経て、人はアイデンティティを選択する自由をもち、その自由が尊重される社会が実現できれば、所属する集団、信ずる宗教が異なるという理由だけで、対立し、暴力を引き起こすような愚は避けることができるという本書の主張につながるのである。

センは多文化・多宗教を背景にもつ、インド・ベンガル地方の出身である。第9章にも述べられているように、イギリスからの独立まもない一九四〇年代、センがベンガルの実家で幼少時代を過ごしていたころ、イスラムとヒンドゥーの無益な争いを目の当たりにする。あるとき、一人のイスラム教徒カデル・ミアが、自宅の庭で血まみれになっているのを目撃する。結局、カデルはイスラム教徒であるがゆえに、たいした手当ても受けることなく、死んでいく。セン少年は、この事件に深く心を痛め、疑問を抱き、こうした対立を克服するためにはどうしたらよいか、そこから自問自答をはじめる。その後の長年にわたる研究や思考の結果、行き着いたひとつの答えが「アイデンティティを選択する」自由である。これは社会の現実の矛盾、また矛盾ゆえに生ずる人と人、国と国との争いを目の当たりにした、セン自身の悲痛な訴えとも思える。

センの議論は、「アイデンティティの選択」という人びとの「認識」の問題が、現実世界の「描写」よりも重みをもつ可能性があることを示している。これは、イデオロギーを背景とする国益が対立軸であった冷戦時代が崩壊し、それにかわって文明や宗教といった新たなベクトルが対立軸として認識されることが主流となりつつある世界において、アイデンティティに運命づけられるという幻想を私たちに気づかせてくれる、インパクトをもつメッセージである。センは人間の可能性を矮小化すべきではないと主張する。人びとの可能性は無限であり、そのなかから理性的な選択をすることにより、制約条件はあるものの、必ずや「暴力の非制度化」が可能であるという思いが込められている。

本書では民主主義という言葉はあまり登場しない。その根底には、「民主主義」を旗印にして大国が多くの戦争を行ってきた事実、また「西洋的」民主主義体制下では戦争は起きないとする「民主主義的平和論」がレトリックとして政治家に利用されてきたことに対する、センのささやかな抵抗かもしれない。センの平和論の力点は、体制改革よりもリベラリズムに根ざした「個人の自由」に置かれている。本書は人間アマルティア・センの「自由主義的平和論」を理解するには必読の書である。

*

本書を翻訳するにあたって、できるだけ原文に忠実になることを心がけた。しかし、時に難解なセン独特の言い回しを日本語に直訳することによって、日本語として不自然になると思われる場合には、思いきって意訳した。

翻訳には当初予想していた以上の時間がかかってしまったが、幸い東郷えりか氏という有能な翻訳者と巡り会い、ともすればぎこちない直訳調の小生の原訳をまるでセンが語りかけるようないきいきとした文章に仕上げていただいたことも大きな助力となり、なんとか出版にこぎつけることができた。

最後に、勁草書房の上原正信氏には本書の翻訳出版に関してお世話になった。また、翻訳原稿に目を通し、コメントをしていただいた早稲田大学の学生諸君にも感謝申し上げる。

大門　毅

Farrar, Straus & Giroux 2005)（佐藤宏・粟屋利江訳『議論好きなインド人――対話と異端の歴史が紡ぐ多文化世界』明石書店，2008年）を参照。

12. 前出記者会見（2006年7月26日）より。
13. *Indian Round Table Conference (Second Session) 7th September, 1931-1st December, 1931: Proceedings* (London: Her Majesty's Stationery Office, 1932); C. Rajagopalachari and J. C. Kumarappa, eds., *The Nation's Voice* (Ahmedabad: Mohanlal Maganlal Bhatta, 1932) も参照。
14. M. K. Gandhi, "The Future of India," *International Affairs* 10 (November 1931), p. 739 を参照。
15. 2002年グジャラート暴動における残虐行為とは別に，企図された暴力によって起きたイデオロギー的な問題（ガンディーの包括的思想を否定しようとすることもその一例である）は Rafiq Zakaria が *Communal Rage in Secular India* (Mumbai: Popular Prakashan, 2002) にて見事に論じている。
16. *Indian Express*, August 13, 2005 を参照。
17. Thomas Friedman, *The World Is Flat* (New York: Farrar, Straus & Giroux, 2005)（伏見威蕃訳『フラット化する世界――経済の大転換と人間の未来』増補改訂版，上下巻，日本経済新聞社，2008年）を参照。もっとも，とくにカシミールにおけるインドの歴史は誇れるものではない。カシミールの政治は国外からのテロリズムの侵攻と国内の反乱の双方によって被害を受けた。

## 第9章　考える自由

1. 彼の感動的で，憂鬱にさせるほど明晰な著作 Shaharyar M. Khan, *The Shallow Graves of Rwanda* (New York: I. B. Tauris, 2000) も参照。Mary Robinson が序文を書いている。
2. Will Kymlicka, *Contemporary Political Philosophy: An Introduction* (Oxford: Clarendon Press, 1990)（千葉眞ほか訳『新版 現代政治理論』日本経済評論社，2005年）を参照。
3. "The Real News from Iraq," *Sunday Telegraph*, August 28, 2005, p. 24 を参照。
4. Derek Walcott, "Names," in *Collected Poems: 1948-1984* (New York: Farrar, Straus & Giroux, 1986) を参照。

を参照。

18. David Hume, *An Enquiry Concerning the Principles of Morals* (first published in 1777; republished, La Salle, Ill.: Open Court, 1966), p. 25（斎藤繁雄・一ノ瀬正樹訳『人間知性研究』法政大学出版局，2004 年）を参照。

## 第 8 章　多文化主義と自由

1. *Development as Freedom* (New York: Knopf; Oxford: Oxford University Press, 1999)（石塚雅彦訳『自由と経済開発』日本経済新聞社，2000 年）を参照。
2. アメリカ，ヨーロッパ共有の問題に関しては Timothy Garton Ash, *Free World: Why a Crisis of the West Reveals the Opportunity of Our Time* (London: Allen Lane, 2004) も参照。
3. James A. Goldston, "Multiculturalism Is Not the Culprit," *International Herald Tribune*, August 30, 2005, p. 6 を参照。また別の見方として，Gilles Kepel, *The War for Muslim Minds: Islam and the West* (Cambridge, Mass.: Harvard University Press, 2004)，とくに第 7 章 ("Battle for Europe")（早良哲夫訳『ジハードとフィトナ――イスラム精神の戦い』NTT 出版，2005 年）も参照。
4. "Dumbed-Down GCSEs Are a 'Scam' to Improve League Tables, Claim Critics," by Julie Henry, *Daily Telegraph*, August 28, 2005, p. 1 を参照。
5. 現代の世界で文化の混合が広範囲にわたっていることに関しては，Homi Bhabha, *The Location of Culture* (New York: Routledge, 1994)（本橋哲也ほか訳『文化の場所――ポストコロニアリズムの位相』法政大学出版局，2005 年）を参照。
6. Agence France-Presse report, August 18, 2005 を参照。
7. この引用は "Commission on the Future of Multi-ethnic Britain," の著名な委員長である Parekh 卿の "A Britain We All Belong To," *Guardian*, October 11, 2000 による。より露骨に「連合」制を要求する，類似表現は多数存在する。ただし，Bhikhu Parekh 自身は自著で多文化主義に関する別の見方も洞察的に示した。とくに *Re-thinking Multi-culturalism: Cultural Diversity and Political Theory* (Basingstoke: Palgrave, 2000) を参照。
8. Cornelia Sorabji, *India Calling* (London: Nisbet, 1934) および Vera Brittain, *The Woman at Oxford* (London: Harrap, 1960) を参照。
9. トニー・ブレア首相の 2005 年 7 月 26 日の記者会見より引用。同首相は新設されたイスラム教系の学校を，古くからあるキリスト教系の学校と同様に扱ううえで，文化的公正さを強く求める姿勢を示した。この問題に関しては第 6 章でも論じた。
10. M. Athar Ali, "The Perception of India in Akbar and Abu'l Fazl," in Irfan Habib, ed., *Akbar and His India* (Delhi: Oxford University Press, 1997), p. 220 を参照。
11. ほかの宗教思想（たとえば不可知論や無神論も含む）に関する論理的思考の伝統について，自著 *The Argumentative Indian* (London: Allen Lane; New York:

ミュエルソン，ケネス・アローにいたるまで，市場の結果が資源配分とその他の要因に大きく依存することを明らかにしようとしてきた。そして，アダム・スミス以降の理論家は，公正で正しい制度をつくる方法や手段を提案してきた。

10. Paul A. Samuelson, "The Pure Theory of Public Expenditure," *Review of Economics and Statistics* 35 (1954)（『サミュエルソン経済学体系』第7巻，勁草書房，1991年，収録）; Kenneth Arrow "Uncertainty and the Welfare Economics of Medical Care," *American Economic Review* 53 (1963); George Akerlof, *An Economic Theorist's Book of Tales* (Cambridge: Cambridge University Press, 1984)（幸村千佳良・井上桃子訳『ある理論経済学者のお話の本』ハーベスト社，1995年）; Joseph Stiglitz, "Information and Economic Analysis: A Perspective," *Economic Journal* 95 (1985) を参照。
11. この点に関しては George Soros, *Open Society: Reforming Global Capitalism* (New York: Public Affairs, 2000)（榊原英資監訳『グローバル・オープン・ソサエティ――市場原理主義を超えて』ダイヤモンド社，2003年）を参照。
12. さまざまな貢献のなかでも，とりわけ Joseph Stiglitz, *Globalization and Its Discontents* (London: Penguin, 2003)（鈴木主税訳『世界を不幸にしたグローバリズムの正体』徳間書房，2002年), and Sachs, *The End of Poverty: How We Can Make It Happen in Our Lifetime*（鈴木・野中訳『貧困の終焉』）を参照。
13. ストックホルム国際平和研究所によれば，割合は1990年代全体を通じて84.31パーセントであり，また直近の数値は，逆行どころかますますこの傾向を強めている。この問題については第5章にて詳述。G8のなかでは，ただ一国（日本）だけがなにも輸出していない。
14. 「ワクチンと予防接種のための世界同盟」によって，貧困国のワクチン普及は広く進められた。そうした薬品の開発を促進させる先進的な取り組みの好例として，医療研究を促すために国際NGOやその他の国際機関がまえもって大量購入を保証することがありうる。Michael Kremer and Rachel Glennerster, *Strong Medicine: Creating Incentives for Pharmaceutical Research on Neglected Diseases* (Princeton, N. J.: Princeton University Press, 2004) を参照。
15. こうした「新薬の使用最新事情」の一般的な問題については Richard Horton, *Health Wars* (New York: New York Review of Books, 2003) による明快な分析を参照。Paul Farmer, *Pathologies of Power, Health, Human Rights, and the New War on the Poor* (Berkeley: University of California Press, 2003), Michael Marmot, *Social Determinants of Health: The Solid Facts* (Copenhagen: World Health Organization, 2003) も参照。
16. Jean Drèze との共著 *India: Development and Participation* (Delhi and Oxford: Oxford University Press, 2002) にて，市場プロセスを公正に実行するための公益事業の役割について多くの事例を用いながら述べた。
17. この点について自著"Sharing the World," *The Little Magazine* (Delhi) 5 (2004)

10. Carol Gluck, *Japan's Modern Myths: Ideology in the Late Meiji Period* (Princeton, N. J.: Princeton University Press, 1985) を参照。
11. *Human Development Report 2004* (New York: UNDP, 2004)(『人間開発報告書』2004 年度版)による「人間開発」の諸問題に文化的自由を加えたことは人間開発分析の守備範囲を拡げることに貢献した。
12. *Proceedings of the British Academy 2002* に掲載の "Other People," 参照。また "Other People-Beyond Identity," *The New Republic*, December 18, 2000 も参照。

## 第 7 章　グローバル化と庶民の声

1. *The Advancement of Learning* (1605; reprinted in B. H. G. Wormald, *Francis Bacon: History, Politics and Science, 1561-1626* [Cambridge: Cambridge University Press, 1993]), pp. 356–57 (服部英次郎・多田英次訳『学問の進歩』岩波文庫, 1974 年) を参照。
2. この問題に関して私は, 2000 年 6 月 8 日, ハーヴァード大学の卒業式スピーチ ("Global Doubts") および *Harvard Magazine* 102 (August 2000) にて論じた。
3. T. B. Macaulay, "Indian Education: Minute of the 2nd February, 1835," reproduced in G. M. Young, ed., *Macaulay: Prose and Poetry* (Cambridge, Mass.: Harvard University Press, 1952), p. 722 を参照。
4. Howard Eves, *An Introduction to the History of Mathematics*, 6th ed. (New York: Saunders College Publishing House, 1990), p. 237. Ramesh Gangolli, "Asian Contributions to Mathematics," Portland Public Schools Geocultural Baseline Essay Series, 1999 を参照。
5. トニー・ブレア首相とゴードン・ブラウン蔵相が指導力を発揮し, イギリスが G8 諸国をその方向に向けるうえで重要な役割を担ったことは認めなければならない。ボブ・ゲルドフのような派手ながら同情心をもった有名人が率いる大衆運動も, そうした動きへの社会的支持を獲得するうえで有益である (こうした反響の多い運動に対して学界からはよく懐疑の声が聞かれるが)。
6. Jeffrey Sachs, *The End of Poverty: How We Can Make It Happen in Our Lifetime* (London: Penguin Books, 2005)(鈴木主税・野中邦子訳『貧困の終焉――2025 年までに世界を変える』早川書房, 2006 年) を参照。
7. 自著 "Gender and Cooperative Conflict," in Irene Tinker, ed., *Persistent Inequalities* (New York: Oxford University Press, 1990) にて, 協力と対立の組み合わせの妥当性と範囲を論じた。
8. J. F. Nash, "The Bargaining Problem," *Econometrica* 18 (1950); Sylvia Nasar, *A Beautiful Mind* (New York: Simon & Schuster, 1999) (塩川優訳『ビューティフル・マインド――天才数学者の絶望と奇跡』新潮社, 2002 年) を参照。
9. 実際, 市場経済の先駆的理論家たちは, アダム・スミスやレオン・ワルラスやフランシス・エッジワースからジョン・ヒックスやオスカル・ランゲやポール・サ

23. Meyer Fortes and Edward E. Evans-Pritchard, *African Political Systems* (New York: Oxford University Press, 1940), p. 12（大森元吉ほか訳『アフリカの伝統的政治体系』みすず書房，1972 年）を参照。
24. Appiah, *In My Father's House: Africa in the Philosophy of Culture*, p. xi を参照。
25. 自分たちの領土や主権に関するパレスチナ人の要求のように，地域固有の政治運動の場合であっても，原理主義的な政治解釈がなされ，そのような地域の対立は西洋支配への一般的な反対と見なされるようになる。現地の人びと（この場合パレスチナ人）が特定の地域紛争に関連した状況の本質をどのように異なって解釈していようが，原理主義者は構わないのである。

## 第 6 章　文化と囚われ

1. 私は "How Does Culture Matter ?," in Vijayendra Rao and Michael Walton, eds., *Culture and Public Action* (Stanford, Calif.: Stanford University Press, 2004) でこの問題について論じてみた。
2. この難しい問題について均整のとれた評価をした Joel Mokyr, *Why Ireland Starved: A Quantitative and Analytical History of the Irish Economy, 1800–1850* (London: Allen & Unwin, 1983), pp. 291–92 を参照。また Mokyr の結論は「アイルランドはイギリスからみれば異国であり，敵国ですらあると認識されている」(p. 291) というものであった。
3. Cecil Woodham-Smith, *The Great Hunger Ireland, 1845–9* (London: Hamish Hamilton, 1962), p. 76 を参照。
4. Andrew Roberts, *Eminent Churchillians* (London: Weidenfeld & Nicolson, 1994), p. 213 を参照。
5. Lawrence E. Harrison and Samuel P. Huntington, eds., *Culture Matters: How Values Shape Human Progress* (New York: Basic Books, 2000), p. xiii を参照。
6. この点に関しては，Noel E. McGinn, Donald R. Snodgrass, Yung Bong Kim, Shin-Bok Kim, and Quee-Young Kim, *Education and Development in Korea* (Cambridge, Mass.: Council on East Asian Studies, Harvard University, 1980) を参照。
7. William K. Cummings, *Education and Equality in Japan* (Princeton, N. J.: Princeton University Press, 1980), p. 17（友田泰正訳『ニッポンの学校――観察してわかったその優秀性』サイマル出版会，1981 年）を参照。
8. Herbert Passin, *Society and Education in Japan* (New York: Teachers College Press, Columbia University, 1965), pp. 209–11（国広正雄訳『日本近代化と教育――その特質の史的解明』サイマル出版会，1980 年）を参照。また Cummings, *Education and Equality in Japan*, p. 17（友田訳『ニッポンの学校』）を参照。
9. Shumpei Kumon and Henry Rosovsky, *The Political Economy of Japan*, vol. 3, *Cultural and Social Dynamics* (Stanford, Calif.: Stanford University Press, 1992), p. 330 より引用。

University Press, 1993), p. 6 を参照。

12. これらと関連する事柄については，*The Argumentative Indian*, chapters 1-4 and 6-8（佐藤・粟屋訳『議論好きなインド人』）も参照。
13. Akeel Bilgrami, "What Is a Muslim ?," in Anthony Appiah and Henry Louis Gates, eds., *Identities* (Chicago: University of Chicago Press, 1995) を参照。
14. Mamphela Ramphele, *Steering by the Stars: Being Young in South Africa* (Cape Town: Tafelberg, 2002), p. 15 を参照。
15. "Culture Is Destiny: A Conversation with Lee Kuan Yew," by Fareed Zakaria, *Foreign Affairs* 73 (March-April 1994), p. 113（フォーリン・アフェアーズ・ジャパン編・監訳『フォーリン・アフェアーズ傑作選 1922-1999――アメリカとアジアの出会い』下巻，朝日新聞社，2001 年，に収録）を参照。
16. *International Herald Tribune*, June 13, 1995, p. 4 から引用。またリーの洞察力豊かな自伝である *From Third World to First: The Singapore Story, 1965-2000* (New York: HarperCollins, 2000)（小牧利寿訳『リー・クアンユー回顧録――ザ・シンガポール・ストーリー』上下巻，日本経済出版社，2000 年）も参照。
17. W. S. Wong, "The Real World of Human Rights," 1993 年にウィーンで行われた第 2 回世界人権会議でシンガポール外相が行ったスピーチより。
18. John F. Cooper, "Peking's Post-Tienanmen Foreign Policy: The Human Rights Factor," *Issues and Studies* 30 (October 1994), p. 69 より引用。また Jack Donnelly, "Human Rights and Asian Values: A Defence of 'Western' Universalism," in Joanne Bauer and Daniel A. Bell, eds., *The East Asian Chal1ellge for Human Rights* (Cambridge: Cambridge University Press, 1999) も参照。
19. 私は *Human Rights and Asian Values: Sixteenth Morgenthau Memorial Lecture on Ethics and Foreign Policy* (New York: Carnegie Council on Ethics and International Affairs, 1997) のなかで議論を試みた。改訂版は *The New Republic*, July 14 and 21, 1997 に収録（大石りら訳『貧困の克服』集英社新書，2002 年，に収録）。また自著 *Development as Freedom* (New York: Knopf; Oxford: Oxford University Press, 1999)（石塚雅彦訳『自由と経済開発』日本経済出版社，2000 年），および "The Reach of Reason: East and West," *New York Review of Books*, July 20, 2000, reprinted in *The Argumentative Indian* (2005)（佐藤・粟屋訳『議論好きなインド人』）も参照。
20. *Development as Freedom*（石塚訳『自由と経済開発』），および Jean Drèze との共著である *Hunger and Public Action* (Oxford: Clarendon Press, 1989) も参照。
21. ストックホルム国際平和研究所（Stockholm International Peace Research Institute）発表のデータをもとに計算したもの（http://www.sipri.org.）。
22. Kwame Anthony Appiah, *In My Father's House: Africa in the Philosophy of Culture* (London: Methuen, 1992), p. xii を参照。

2005)のなかにある「法的で排他的なアプローチ」と「実質的で包括的なアプローチ」の区別を参照。しかし，いずれの方法をもってしても宗教に人のすべてを内包させるアイデンティティの役割を求めることはできない。

## 第5章　西洋と反西洋

1. Albert Tevoedjre, *Winning the War Against Humiliation* (New York: UNDP, 2002), Report of the Independent Commission on Africa and the Challenges of the Third Millennium を参照。これはフランス語で書かれた原書 *Vaincre l'humiliation* (Paris, 2002) の英訳版である。
2. William Dalrymple の 18 世紀インドにおける人種の障壁を超えた恋愛に関する魅力的な小説である *White Mughals* (London: Flamingo, 2002) は，インドにいたイギリス人の約 3 分の 1 がインド人女性と暮らしていた時代のものであり，宗主国と植民地の関係がどんどん硬直化した次の世紀であれば，再現しにくいものとなっただろう。
3. James Mill, *The History of British India* (London, 1817; republished, Chicago: University of Chicago Press, 1975), p. 247 を参照。
4. Mill, *The History of British India,*の John Clive による序文 p. viii から引用。
5. Mill, *The History of British India*, pp. 225–26 を参照。
6. ウィリアム・ジョーンズはしばしば典型的な「東洋主義者《オリエンタリスト》」として知られ，事実明らかにそうであった。しかしながら，ウィリアム・ジョーンズからジェームズ・ミルまで，あらゆるオリエンタリストに共通する姿勢を見つけようとする試みは，なんであれ支持しにくいものとなるだろう。このことに関しては，私の *The Argumentative Indian* (London: Allen Lane; New York: Farrar, Straus & Giroux, 2005) の第 7 章 "Indian Traditions and Western Imagination" (佐藤宏・粟屋利江訳『議論好きなインド人――対話と異端の歴史が紡ぐ多文化世界』明石書店，2008 年) を参照。
7. ミルはジョーンズの古代インド数学と天文学への信奉を「ヒンドゥー教徒の社会の状況が一時期，好意的に見られ，信じ込まれていたことの証拠」であると感じ，とくにジョーンズが「信じきったように」こうした言及をしたことを，ことさら痛快に感じていた (*The History of British India*, pp. 223–24)。実質的には，ミルは①重力の法則，②地球の自転，③地球の公転，に関する別々の主張を一緒くたに論じている。アーリヤバタとブラーマグプタの関心は主に最初の 2 つに関するもので，それぞれ別の主張がなされており，3 番目については触れていない。
8. Mill, *The History of British India*, pp. 223–24 を参照。
9. 同上., p. 248 を参照。
10. *The Argumentative Indian*, chapters 6, 7, and 16 (佐藤・粟屋訳『議論好きなインド人』) を参照。
11. Partha Chatterjee, *The Nation and Its Fragments* (Princeton, N. J.: Princeton

ム精神の戦い』NTT 出版，2005 年）も参照。

11. 国外ではあまり注目されないが，パキスタンの活力ある独立したメディアの成長は，勇気ある，卓見したジャーナリストに支えられており，同国の平和と正義に貢献したことは注目されてよい。*Friday Times*（ナジャム・セーティが創刊した勇気と識見のある週刊新聞）や *Herald* 誌などの定期刊行物や *The Dawn, The Nation, Daily Times, News* などの日刊紙によって築かれた守備範囲の広い恐れ知らずの伝統は，この国の将来に希望をもたらしてくれる。それは，偉大な詩人で *Pakistan Times* の古くからの著名な編集者でもあったファイズ・アハメド・ファイズにとっても喜ばしいことだっただろう。同氏は軍事支配や政治的過激主義に打ち砕かれるまでパキスタン・メディアの独立のために闘ってきた人物である。そのために投獄されることになり，後年，ナジャム・セーティも同様の憂き目にあった。
12. Husain Haqqani, "Terrorism Still Thrives in Pakistan," *International Herald Tribune*, July 20, 2005, p. 8 を参照。また同著者のすぐれた着眼点と情報収集力の結集である著書 *Pakistan: Between Mosque and Military*（Washington, D. C.: Carnegie Endowment for International Peace, 2005）も参照。また，Ahmed Rashid, *Taliban: The Story of the Afghan Warlords*（London: Pan, 2001）や，*Taliban: Islam, Oil and the New Great Game in Central Asia* (London: Tauris, 2002)（坂井定雄・伊藤力司訳『タリバン――イスラム原理主義の戦士たち』講談社，2002 年）も参照。
13. マーブブル・ハクが始め，その後，長年続いてきたプロジェクトであり，国連開発計画が毎年出版する『人間開発報告書』を参照。マーブブル・ハクの死後，宗教とはほぼ無縁のこの事業は，同氏が設立した機関（現在ではハディージャ・ハク未亡人が見事に引き継いでいる）によってパキスタンで実施されている。
14. Judea Pearl, "Islam Struggles to Stake Out Its Position," *International Herald Tribune*, July 20, 2005 を参照。
15. ここでは Mahmood Mamdani が明瞭に述べた洞察深い区別に注意することが必要である。つまり「私のねらいは広く受け入れられている推定に疑問を投げかけることである。（中略）すなわちその過激主義の宗教的傾向が政治的テロリズムと同等と考えられるのかどうかである。原理主義のものにしろ非宗教的なものにしろ，テロリズムは必ずしも宗教的傾向の影響であるわけではない。むしろテロリズムは政治的な出会いから生まれる」（*Good Muslim, Bad Muslim: America, the Cold War, and the Roots of Terror* [New York: Doubleday, 2004], pp. 61–62)（越智道雄訳『アメリカン・ジハード――連鎖するテロのルーツ』岩波書店，2005 年）を参照。
16. これはイスラム教の教義の領域が多少異なる方法で定義しうることを否定するものではない。たとえば M. Syafi'I Anwar の論文である "The Future of Islam, Democracy, and Authoritarianism in the Muslim World," *ICIP Journal* 2 (March

## 第 4 章　宗教的帰属とイスラム教徒の歴史

1. *Corpus of Early Arabic Sources for West African History*, trans. J. F. P. Hopkins, edited and annotated by N. Levtzion and J. F. P. Hopkins（Cambridge: Cambridge University Press, 1981), p. 285 を参照。*Ibn Battuta: Travels in Asia and Africa 1325–1354*, trans. H. A. R. Gibbs（London: Routledge, 1929), p. 321（家島彦一訳『大旅行記』平凡社，全 8 巻，1996〜2002 年）も参照。
2. *Corpus of Early Arabic Sources for West African History*, p. 286. ここでは "Shariah" を Hopkins が "Shar'." と簡略化している。
3. Pushpa Prasad, "Akbar and the Jains," in Irfan Habib, ed., *Akbar and His India*（Delhi and New York: Oxford University Press, 1997), pp. 97–98 を参照。
4. マラータ王ラージャ・サンバージーの父に若いアクバルは合流するが，その人はほかならぬシヴァージーであった。今日のヒンドゥー教徒の政治活動家は彼を特別な英雄として扱っており，非寛容なヒンドゥー主義の政党であるシヴ・セーナーは彼の名にちなんでつけられた（ただし，シヴァージー自身はかなり寛容な人だったと，ムガール史家で，その他の点ではシヴァージーを崇拝していない Khafi Khan が報告している)。
5. Iqtidar Alam Khan, "Akbar's Personality Traits and World Outlook: A Critical Reappraisal," in Habib, ed., *Akbar and His India*, p. 78 を参照。
6. María Rosa Menocal, *The Ornament of the World: How Muslims, Jews, and Christians Created a Culture of Tolerance in Medieval Spain*（New York: Little, Brown, 2002), p. 86（足立孝訳『寛容の文化――ムスリム，ユダヤ人，キリスト教徒の中世スペイン』名古屋大学出版会，2005 年）を参照。
7. 同上., p. 85.
8. Harry Eyres, "Civilization Is a Tree with Many Roots," *Financial Times*, July 23, 2005 を参照。Jan Reed が述べたように，「ムーア人の灌漑事業は，のちに大規模に拡大され，スペインとポルトガルの乾燥地域の農業の礎となり続けた」(*The Moors in Spain and Portugal* [London: Faber & Faber, 1974], p. 235)。
9. Michael Vatikiotis "Islamizing Indonesia," *International Herald Tribune*, September 3–4, 2005, p. 5 にて報道される。また Vatikiotis の "The Struggle for Islam," *Far Eastern Economic Review*, December 11, 2003, や M. Syafi'i Anwar の著書である "Pluralism and Multiculturalism in Southeast Asia: Formulating Educational Agendas and Programs," *ICIP Journal* 2（January 2005）を参照。
10. 社会的，あるいは政治的背景のなかでイスラムがどのように解釈されるべきかという問題と関連して，たとえばイスラム教の幅広い解釈の必要性などが含まれる。これについては Ayesha Jalal, *Self and Sovereignty: Individual and Community in South Asian Islam Since 1850*（London: Routledge, 2000）を参照。また Gilles Kepel, *The War for Muslim Minds: Islam and the West*（Cambridge, Mass.: Harvard University Press, 2004)（早良哲夫訳『ジハードとフィトナ――イスラ

(Princeton, N. J.: Princeton University Press, 2005) のなかの卓越した分析を参照。また Amin Maalouf, *In the Name of Identity: Violence and the Need to Belong* (New York: Arcade Publishing, 2001) も参照。

## 第3章　文明による閉じ込め

1. Samuel P. Huntington, *The Clash of Civilizations and the Remaking of the World Order* (New York: Simon & Schuster, 1996)（鈴木主税訳『文明の衝突』集英社, 1998年）を参照。
2. ここで議論されているいくつかの問題は自著 *The Argumentative Indian* (London: Allen Lane; New York: Farrar, Straus & Giroux, 2005)（佐藤宏・粟屋利江訳『議論好きなインド人——対話と異端の歴史が紡ぐ多文化世界』明石書店, 2008年）により網羅されている。
3. インドの多宗教, 多文化の歴史については *The Argumentative Indian*（佐藤・粟屋訳『議論好きなインド人』）に論じた。
4. Huntington, *The Clash of Civilization and the Remaking of the World Order*, p. 71（鈴木訳『文明の衝突』）を参照。
5. Oswald Spengler, *The Decline of the West*, ed. Arthur Helps (New York: Oxford University Press, 1991), pp. 178–79（村松正俊訳『西洋の没落——世界史の形態学の素描』五月書房, 2001年）を参照。
6. *Nihongi: Chronicles of Japan from the Earliest Times to A. D. 697*, trans. by W. G. Aston (Tokyo: Tuttle, 1972), pp. 128–33（「日本書紀」）を参照。
7. Nakamura Hajime, "Basic Features of the Legal, Political, and Economic Thought of Japan," in Charles A. Moore, ed., *The Japanese Mind: Essentials of Japanese Philosophy and Culture* (Tokyo: Tuttle, 1973), p. 144 を参照。
8. フラウィオス・アッリアノスの記述が示すように, アレクサンドロス大王はディオゲネスに出会ったときに示したような敬意をもって, この平等主義的な非難に応じた。もっとも, アレクサンドロス自身の行動にはまったく変化は見られなかった（「彼がそのとき敬服すると公言したことと正反対の行為」）。Peter Green, *Alexander of Macedon, 356–323 B. C.: A Historical Biography* (Berkeley: University of California Press, 1992), p. 428 を参照。
9. Alexis de Tocqueville, *Democracy in America*, trans. George Lawrence (Chicago: Encyclopædia Britannica, 1990), p. 1（松本礼二訳『アメリカのデモクラシー』第1巻上下・第2巻上下, 岩波文庫, 2005~2008年）を参照。
10. Nelson Mandela, *Long Walk to Freedom* (Boston: Little, Brown, 1994), p. 21（東江一紀訳『自由への長い道——ネルソン・マンデラ自伝』上下巻, 日本放送出版協会, 1996年）を参照。
11. 自著 *The Argumentative Indian*, pp. 82–83, 182–84（佐藤・粟屋訳『議論好きなインド人』）にて公共の論理のための印刷の重要性を論じている。

University Press, 1984)（下川潔ほか訳『自我の源泉――近代的アイデンティティの形成』名古屋大学出版会，2010 年），および *Philosophical Arguments* (Cambridge, Mass.: Harvard University Press, 1995) を参照。またこれらを含め関係する問題に関する Will Kymlicka による示唆に富む評価については *Contemporary Political Philosophy: An Introduction* (Oxford: Clarendon Press, 1990)（千葉眞ほか訳『新版 現代政治理論』日本経済評論社，2005 年）を参照。

12. 正義論に関するコミュニタリアンの批評については，とくに Michael Sandel, *Liberalism and the Limits of the Justice* (Cambridge: Cambridge University Press, 1982; 2nd ed., 1998)（菊池理夫訳『リベラリズムと正義の限界 原著第二版』勁草書房，2009 年）を参照。Michael Walzer, *Spheres of Justice* (New York: Basic Books, 1983)（山口晃訳『正義の領分――多元性と平等の擁護』而立書房，1999 年）も参照。Charles Taylor, "Cross-Purposes: The Liberal Communitarian Debate," in Nancy L. Rosenblum, ed., *Liberalism and the Moral of Life* (Cambridge, Mass.: Harvard University Press, 1989) も参照。John Rawls が Sandel らによる理論に対して述べた "Justice as Fairness: Political Not Metaphysical," *Philosophy and Public Affairs* 14 (1985)，および *Political Liberalism* (New York: Columbia University Press, 1993) があり，それに対し Sandel は *Liberalism and the Limits of Justice* の 1998 年版（菊池訳『リベラリズムと正義の限界 原著第二版』）で応じている。活発な論争は Will Kymlicka, *Contemporary Political Philosophy: An Introduction*, chapter 6（千葉ほか訳『新版 現代政治理論』）にみられる。Michael Walzer, "The Communitarian Critique of Liberalism," *Political Theory* 18 (1990); Stephen Mulhall and Adam Swift, *Liberals and Communitarians* (Oxford: Blackwell, 1992, 1996)（谷澤正嗣ほか訳『リベラル・コミュニタリアン論争』勁草書房，2007 年）も参照。正義論に対するコミュニタリアン流の批評に関するわたしの疑問は *Reason Before Identity* (Oxford: Oxford University Press, 1999)（細見和志訳『アイデンティティに先行する理性』関西学院大学出版会，2003 年）に著されている。

13. これと関連する問題に関しては，Frédérique Apffel Marglin and Stephen A. Marglin, eds., *Dominating Knowledge* (Oxford: Clarendon Press, 1993) も参照。

14. インドの伝統のなかの異議と論争の役割は自著 *The Argumentative Indian* (London: Allen Lane; and New York: Farrar, Straus & Giroux, 2005)（佐藤宏・粟屋利江訳『議論好きなインド人――対話と異端の歴史が紡ぐ多文化世界』明石書店，2008 年）にて述べられている。

15. Sandel, *Liberalism and the Limits of Justice*, pp. 150–51（菊池訳『リベラリズムと正義の限界 原著第二版』）を参照。

16. アイデンティティの倫理はわれわれの多数の帰属に関する優先順位をめぐる，避けられない選択の問題であるため，個人の行動にとって非常に重要な問題である。この問題に関しては Kwame Anthony Appiah の著書，*The Ethics of Identity*

を試みた。“Rational Fools: A Critique of the Behavioral Foundations of Economic Theory,” *Philosophy and Public Affairs* 6 (1977), reprinted in *Choice, Welfare and Measurement* (Oxford: Blackwell, 1982; Cambridge, Mass.: Harvard University Press, 1997)（大庭健・川本隆史訳『合理的な愚か者――経済学=倫理学的探求』勁草書房，1989 年），および Jane J. Mansbridge, ed., *Beyond Self-Interest* (Chicago: Chicago University Press, 1990) も参照。

5. George Akerlof, *An Economic Theorist's Book of Tales* (Cambridge: Cambridge University Press, 1984)（幸村千佳良・井上桃子訳『ある理論経済学者のお話の本』ハーベスト社，1995 年）; Shira Lewin, “Economics and Psychology: Lessons for Our Own Day from the Early 20th Century,” *Journal of Economic Literature* 34 (1996); Christine Jolls, Cass Sunstein, and Richard Thaler, “A Behavioral Approach to Law and Economics,” *Stanford Law Review* 50 (1998); Matthew Rabin, “A Perspective on Psychology and Economics,” *European Economic Review* 46 (2002); Amartya Sen, *Rationality and Freedom* (Cambridge, Mass.: Harvard University Press, 2002), essays 1-5; Roland Benabou and Jean Tirole, “Intrinsic and Extrinsic Motivation,” *Review of Economics Studies* 70 (2003) などを参照。
6. George Akerlof and Rachel Kranton, “Economics and Identity,” *Quarterly Journal of Economics* 63 (2000); John B. Davis, *The Theory of the Individual in Economics: Identity and Value* (London and New York: Routledge, 2003); Alan Kirman and Miriam Teschl, “On the Emergence of Economic Identity,” *Revue de Philosophie Économique* 9 (2004); George Akerlof and Rachel Kranton, “Identity and the Economics of Organizations,” *Journal of Economic Perspectives* 19 (2005) などを参照。
7. Jörgen Weibull, *Evolutionary Game Theory* (Cambridge, Mass.: MIT Press, 1995)（大和瀬達二監訳『進化ゲームの理論』オフィスカノウチ，1999 年）; Jean Tirole, “Rational Irrationality: Some Economics of Self-management,” *European Economic Review* 46 (2002) を参照。
8. Karl Marx, *Critique of the Gotha Programme*, 1875; English translation in K. Marx and F. Engels (New York: International Publishers, 1938), p. 9（後藤洋訳『ゴータ綱領批判』新日本出版社，2000 年）を参照。
9. Pierre Bourdieu, *Sociology in Question*, trans. Richard Nice (London: Sage, 1993), pp. 160-61（田原音和監訳『社会学の社会学』藤原書店，1991 年）を参照。
10. E. M. Forster, *Two Cheers for Democracy* (London: E. Arnold, 1951)（小池滋ほか訳『民主主義に万歳二唱』第 1・2 巻〔E. M. フォースター著作集 11・12〕，みすず書房，1994 年）参照。
11. 自己とコミュニティの関係性に関しては Charles Taylor の明晰な分析，*Sources of the Self and the Making of the Modern Identity* (Cambridge, Mass.: Harvard

# 原　注

## 第1章　幻想の暴力

1. Langston Hughes, *The Big Sea: An Autobiography* (New York: Thunder's Mouth Press, 1940, 1986), pp. 3-10 を参照。
2. Robert D. Putnam, *Bowling Alone: The Collapse and the Revival of the American Community* (New York: Simon & Schuster, 2000)（柴内康文訳『孤独なボウリング――米国コミュニティの崩壊と再生』柏書房，2006 年）を参照。
3. 民族中心主義が必ずしも外国人排斥主義に結びつかない実証もある（たとえば，Elizabeth Cashdan, "Ethnocentrism and Xenophobia: A Cross-cultural Study," *Current Anthropology* 42 (2001) を参照）。しかし，多くの顕著な例で民族，宗教や人種などの選択的な忠誠心は，ほかの集団に対する暴力を誘発する誇張されたかたちで使われてきた。「単眼的な」煽動に対する脆弱性がここでの主な論点である。
4. Jean-Paul Sartre, *Portrait of the Anti-Semite*, trans. Erik de Mauny (London: Secker & Warburg, 1968), p. 57（安堂信也訳『ユダヤ人』岩波新書，1956 年）を参照。
5. *The Merchant of Venice*, act III, scene i, line 63（「ヴェニスの商人」第 3 幕，シーン 1，63 行目）を参照。
6. Alan Ryan, *J. S. Mill* (London: Routledge, 1974), p. 125 を参照。ミルによれば，女性参政権に関する彼の見解は，「彼の気まぐれ」と見なされていた (John Stuart Mill, *Autobiography* [1874; reprint, Oxford: Oxford University Press, 1971], p. 169)（朱牟田夏雄訳『ミル自伝』岩波文庫，1960 年）。
7. Samuel P. Huntington, *The Clash of Civilizations and the Remaking of the World Order* (New York: Simon & Schuster, 1996)（鈴木主税訳『文明の衝突』集英社，1998 年）を参照。
8. *International Herald Tribune*, August 27, 2004, p. 6 から引用。
9. この問題については第 4 章と第 8 章で議論されている。

## 第2章　アイデンティティを理解する

1. V. S. Naipaul, *A Turn in the South* (London: Penguin, 1989), p. 33 を参照。
2. Leon Wieseltier, *Against Identity* (New York: Drenttel, 1996) も参照。
3. 自著 *On Ethics and Economics* (Oxford: Blackwell, 1987)（徳永澄憲ほか訳『経済学の再生――道徳哲学への回帰』麗澤大学出版会，2002 年）を参照。
4. ここでとりあげた想像上の特殊な人物の知的限界については次の自著などで議論

# 索　引

## ア　行



## カ　行



## サ　行

**●著者紹介**

**アマルティア・セン**（Amartya Sen）

ハーヴァード大学経済学・哲学教授。1998年，厚生経済学への貢献によりアジア人としてはじめてノーベル経済学賞を受賞。

1933年インド・ベンガル地方生まれ。幼少のころ，イスラム教徒とヒンドゥー教徒の激しい対立やベンガル大飢饉を目撃し，狭隘なアイデンティティや貧困の問題をつよく意識するようになる。59年にケンブリッジ大学で経済学Ph. D. を取得。

ケンブリッジ，デリー，LSE，ハーヴァード，オックスフォードの各大学で教授を歴任。経済学と哲学を接合する独特のアプローチをつくりあげ，経済学のみならず哲学，倫理学，政治学などにも大きな影響を与えている。その学問的・社会的貢献は大きく認められており，ノーベル賞以外にもインド最高位の「ブラト・ラトナ賞」など数々の賞や名誉博士号を世界各地で授与されている。

主著として，『議論好きなインド人』（明石書店），『自由と経済開発』（日本経済新聞社），『貧困と飢饉』（岩波書店），『合理的な愚か者』（勁草書房）などがある。

**●監訳者紹介**

**大 門　毅**（だいもん　たけし）

早稲田大学国際学術院教授。専攻は開発経済学・平和構築論。

1965年東京都生まれ。早稲田大学政治経済学部卒業。海外協力基金（現・国際協力機構《ジャイカ》）や世界銀行で経済開発に従事しながら，イェール大学で国際関係論修士課程修了，コーネル大学で経済学Ph. D. を取得。

国内外の大学にて開発経済論の研究，開発専門家の育成に貢献するかたわら，NGO活動などを通じて，国際協力の最前線に立っている。著書に，『平和構築論』（勁草書房），『貧困削減戦略再考』（共著，岩波書店），『開発と平和』（共著，有斐閣）などがある。

**●訳者紹介**

**東郷　えりか**（とうごう　えりか）

上智大学外国語学部フランス語学科卒業。訳書に，A・セン『人間の安全保障』（集英社），B・フェイガン『古代文明と気候大変動』（河出書房新社），L・コリンガム『インドカレー伝』（河出書房新社）などがある。

アイデンティティと暴力　運命は幻想である

2011年7月15日　第1版第1刷発行
2017年9月15日　第1版第4刷発行

著　者　アマルティア・セン
監訳者　大《だい》門《もん》　毅《たけし》
訳　者　東《とう》郷《ごう》えりか
発行者　井村寿人

発行所　株式会社　勁《けい》草《そう》書房

112-0005 東京都文京区水道2-1-1　振替　00150-2-175253
（編集）電話 03-3815-5277／FAX 03-3814-6968
（営業）電話 03-3814-6861／FAX 03-3814-6854
三秀舎・松岳社



ISBN978-4-326-15416-6　Printed in Japan



http://www.keisoshobo.co.jp